HEJ.

HEJ.

SKANDI-FAMILY

Lieblingskleidung für die ganze Familie nähen

HEJ.

SKANDI-FAMILY

Lieblingskleidung für die ganze Familie nähen

In den Größen XS–XXL und 86–140
Mit 6 Schnittmusterbogen

EIN BUCH DER
EDITION MICHAEL FISCHER

Anja Roloff

INHALT

VORWORT

Hej! Schön, dass du mein fünftes Buch in den Händen hältst!

Nach vier Büchern voll mit Damenmode wenden wir uns mal von #selfishsewing ab und nähen zur Abwechslung für die ganze Familie.

Ja genau, richtig gelesen, ich habe 15 Schnittmuster ins Buch gepackt, mit denen wir selbst, Mann und Kinder skandinavisch chic benäht werden können. Wobei der Mann natürlich auch gern selbst an die Nähmaschine darf.

Viel Spaß beim Nähen, erfreue dich an deinen Kreationen und sei stolz auf dich, wenn du und deine Lieben die selbst genähten Teile tragen!

GRUNDLAGEN

STOFFKUNDE

Wir alle lieben Stoff! Trotzdem halte ich mich kurz und erwähne an dieser Stelle nur die Stoffqualitäten, die für die Modelle im Buch relevant sind.

TIPP:

Dies ist weniger ein Tipp als eine klare Ansage: Stoffe für Kleidung sollten vorgewaschen werden. Neben dem möglichen Schrumpfen der Stoffe beugt das auch dem späteren Verfärben oder Ausbluten vor. Wer Angst vor sich einrollenden Rändern bei Jersey hat, greift einfach vor der Wäsche zur Overlock, um die Stoffe zu versäubern, oder nach der Runde in der Waschtrommel zum Bügeleisen.

BAUMWOLLWEBWARE

ist ein Sammelbegriff für alle einfachen Webwaren aus (meistens 100%) Baumwolle.

CHAMBRAY

ist ein Baumwollstoff mit unterschiedlich farbigen Schuss- und Kettfäden, wodurch er Denim/Jeansstoff sehr ähnlich sieht. Er fühlt sich aber meistens deutlich weicher an und ist leichter. Ich finde, er ist vielfältiger einsetzbar und im Gegensatz zu Jeans auch für weitere Oberteile und Kleider gut geeignet. Ich empfehle ihn für das Damenkleid Clara (siehe Seite 105) und für alle Hosenschnitte im Buch.

MUSSELIN

ist ein lockeres Baumwollgewebe in Leinwandbindung. Beim Waschen läuft Musselin bis zu 30% ein, erhält dabei aber seine typische Krinkel-Optik.

DOUBLE GAUZE UND TRIPPLE GAUZE

werden oft mit Musselin gleichgesetzt, sind im Gegensatz dazu aber immer zwei- bzw. dreilagig. Die Stofflagen sind punktuell miteinander verknüpft, wodurch sich zwischen den Lagen Luftkammern bilden und so die typische wellige Oberfläche entsteht.

INTERLOCK JERSEY

ist eine besonders strapazierfähige Jersey-Art. Interlock rollt sich, im Gegensatz zu Singlejersey, nicht ein und wird am besten mit einer Jerseynadel vernäht. Diese hat eine abgerundete Spitze, die die feinen Maschen nicht beschädigt.

(SINGLE-)JERSEY AUS BAUMWOLLE

ist eine leichte, weiche und elastische Maschenware. Sie wirkt ähnlich einem Gewebe mit leichter Rippenmusterung und die Dehnbarkeit unterscheidet sich stark je nach Elasthananteil. Es gibt auch Jersey aus 100% Baumwolle. Dieser ist durch seine Herstellungsart (gestrickt und nicht gewebt) natürlich trotzdem dehnbar, legt sich aber nicht so gut in seine Ursprungsform zurück.

LEINEN UND HALBLEINEN

haben eine unregelmäßige Struktur und kleine Knötchen im Gewebe. Die Oberfläche ist also nie ganz glatt. Leinen ist atmungsaktiv, kühlend und trotzdem blickdicht. Es ist formstabil und nicht dehnbar. Dadurch lässt es sich sehr leicht verarbeiten, knittert allerdings beim Tragen aufgrund der fehlenden Elastizität.

POPELINE

ist in den meisten Fällen Baumwollwebware in klassischer Leinwandbindung mit dichter, feiner Kette gewebt. Die Schussfäden, das sind die quer verlaufenden Fäden, sind etwas dicker. So ergibt sich ein robusteres Gewebe als bei einfacher Baumwollwebware. Genähte Stücke aus Popeline haben also etwas mehr Stand.

SOMMERSWEAT/FRENCH TERRY

erkennt man an der frotteeartigen Rückseite mit den Schlaufen. French Terry besteht meistens aus Baumwolle mit Elasthananteil und ist saugstark und dehnbar.

SWEAT

wird wie Jersey gestrickt, allerdings läuft bei der Herstellung von Sweat ein Futterfaden an der Rückseite mit, der für die Dicke des Stoffes sorgt. Sweat wird aus Baumwolle, Modal oder auch Polyester gefertigt. Oft wird für die Dehnbarkeit noch ein Teil Elasthan beigemischt. Sweat mit angerauter Rückseite wird oft als Winter- oder Kuschelsweat verkauft.

VISKOSEJERSEY/MODALJERSEY

sind beide meist glatter und oft dünner als Baumwolljersey. Sie fallen weicher und ihre Oberfläche sieht etwas feiner aus. Ich mag diese Stoffqualität für Oberteile gerne.

WAS NIEMAND SIEHT

BÜGELEINLAGE

Unter dem Handelsnamen Vlieseline findet man die bekannte Bügeleinlage. Sie ist in Schwarz oder Weiß erhältlich, wird trocken aufgebügelt und verleiht dem Schnittteil mehr Stabilität. Ganz korrekt wird sie so verwendet, dass das zu verstärkende Stück grob aus Oberstoff ausgeschnitten wird, dieser dann bebügelt und danach ganz genau ausgeschnitten wird. Wer mich kennt und meine Bücher aufmerksam liest, wird schnell sehen, dass ich es selten so genau nehme. Meine Bügeleinlage wird auch mal aus Resten gestückelt, eine Knopfleiste nur zur Hälfte bebügelt oder ich vergesse die Einlage direkt ganz. Bei Letzterem rate ich dazu, es nicht nachzumachen!

Wer für sich selbst und nicht für den Verkauf oder die Schneiderinnung näht, darf ganz frei entscheiden, wie genau Vorgaben auszuführen sind. Auch wenn ich es nicht immer mache, dürft ihr euch natürlich trotzdem an die korrekte Vorgehensweise halten.

Ich tue mich mit konkreten Empfehlungen zu Bügeleinlagen schwer. Genaue Angaben für Bügeleinlagen wird es in diesem Buch daher nicht geben. Zu unterschiedlich sind die Vorlieben und auch die Stoffe, die unter gleichem Namen und gleicher Qualität verkauft werden. Eine*r mag einen festen Kragen, andere stören sich nicht daran, wenn der Kragen ein bisschen hängt. Ich gehöre zu den pragmatischen Näher*innen: Ich nutze oft einfach die Einlage, die ich da habe und mit H 180 und H 200 komme ich meistens gut zurecht.

Meine Mode ist eher locker und genauso sehe ich es eben auch. Wer sich nicht überraschen lassen will, macht einfach mit Stoffresten und Einlagen die Probe. Beim Verstärken von Knopfleisten geht es in erster Linie darum, dass die Knöpfe nicht ausreißen und die Knopflöcher sauber genäht werden können. Ein Probeknopfloch ist immer Pflicht, schon aus dem Grund, die Größe richtig auszuwählen. Dabei kann dann auch gleich das Material und die verwendete Einlage getestet werden.

HELFER AUF DEM NÄHTISCH

Was darf in keinem Nähkästchen fehlen? Hier kommen einige Helfer, die es mir ganz besonders angetan haben, weil sie sich nun schon über viele Jahre bewährt haben.

FADENSCHERE, PAPIERSCHERE UND STOFFSCHERE (1)

Eine für alles gibt es hier nicht. In der Scherenfamilie herrscht klare Aufgabenteilung!

ROLLSCHNEIDER MIT ERSATZKLINGEN (2)

Man muss sich nicht entscheiden, der Rollschneider und die Stoffschere leben in friedlicher Koexistenz auf dem Zuschneidetisch. Für Rollschneiderbesitzer*innen allerdings ein Muss: die Schneidematte (hier nicht zu sehen).

SCHNEIDERLINEAL (3)

Bündchen und gerade Schnittteile werden mit Lineal, Rollschneider und Schneidematte am besten zugeschnitten. Ich spare mir oft das Abpausen oder Ausdrucken von rechteckigen Schnittteilen wie Bündchen und Saumrüschen und messe sie direkt mit dem Lineal aus.

NADELN UND KLAMMERN (4)

Feine Stoffe stecke ich – grobe und solche, die keine Einstiche verzeihen, werden geklammert. Nadel ist hierbei auch nicht gleich Nadel! Es gibt sie in den verschiedensten Stärken und mit diversen Köpfchen – von Glas über Kunststoff bis hin zu Stahl.

OLFA · Prym
HINGUCKER
YEAH.
must-have
Prym
Aqua-Trickmarker weiß/white/blanc
2
3
4
5
6
7
8
9
10
11
12
13
14

NÄHNADELN UND STOPFNADEL (5)

Nähnadeln brauchen wir natürlich, um Fäden zu vernähen, mit der Stopfnadel ziehe ich die Raupe der Overlock in die Naht. Vor allem bei meinen offen eingenähten Bündchen (siehe Seite 39) kommen sie zum Einsatz.

SICHERHEITSNADEL (6)

Die benutzte ich bis vor kurzem zum Einziehen von Gummibändern. Oft fixiere ich das Gummiband auch beim ersten Tragen mit einer Sicherheitsnadel, anstatt das Gummiband gleich zu verknoten oder festzunähen. So kann ich noch nachjustieren, wenn nötig. Ein lustiges neues Werkzeug gesellt sich zur Sicherheitsnadel: das pinke „Einfädelding" habe ich geschenkt bekommen und liebe es seither sehr.

TRICKMARKER/SCHNEIDERKREIDE (7)

Gut markiert ist halb genäht!

ETIKETTEN (8)

Webetiketten sind das gewisse Etwas an meinen Kleidungsstücken und deshalb nicht wegzudenken. Zusätzlicher Nutzen an Kinderkleidung: ein Etikett am vorderen Saum zeigt den kleinen Träger*innen schon beim Anziehen, wo vorne ist.

HEBAMME/HÖHENAUSGLEICH (9)

Den Höhenausgleich braucht man, um mehrere Schichten Stoff sauber zu nähen. Durch ihn kommt der Nähmaschinenfuß wieder parallel zur Stichplatte auf dem Stoff zum Liegen.

KANTENFORMER (10)

Gönnt euch so ein schickes Teil, statt weiter eure Stricknadeln oder stumpfen Bleistifte zum Ausformen der Ecken zu nutzen!

ROLLMAß/MAßBAND (11)

Wer Kleidung näht, sollte die Maße des Trägers bzw. der Trägerin kennen. Zum einfachen Vermessen am besten mit der zu benähenden Person treffen. Nebenher können dann noch ein paar Nähpläne für die Zukunft geschmiedet werden.

NAHTTRENNER (12)

Es ist selten ein Grund zur Freude, aber manchmal hilft nur „Rückwärtsnähen"...

GARN (13)

Garne kann man nicht genug haben. Mein Tipp: Investiert in Markengarn und holt euch das zum Projekt passende Garn. Das dicke Jeansgarn kann farblich noch so gut zum feinen Viskosejersey passen, ihr werdet damit nicht glücklich.

NÄHMASCHINENFÜßCHEN (14)

Davon habe ich natürlich etliche. Für alle Modelle in diesem Buch habe ich jedoch nur die folgenden drei genutzt:

Standardnähfuß

Schmalkantsäumer

Knopflochschlitten

NÄH-BASICS

GRÖSSENANPASSUNG

Die meisten Damenschnitte sind für eine Körpergröße von 1,68 m gradiert. Das ist die Norm und es ist praktisch für alle Frauen, die 1,65 m bis 1,70 m groß sind. Wer größer oder kleiner ist, muss die Schnitte für sich anpassen. Das ist aber gar nicht schlimm, denn wir können das! Alle, die nicht nähen können und von der Stange kaufen müssen, haben diese Option nicht!

Am Anfang jeden Nähprojekts steht das Ausmessen. Nur wer die Maße des Trägers oder der Trägerin kennt, kann ein gut passendes Kleidungsstück für ihn oder sie nähen.

Viele Schnittmuster haben quer verlaufende Linien, die oft nicht weiter beschriftet sind. Das sind die Linien, an denen der Schnitt geteilt wird, um ihn zu verlängern oder zu kürzen. Bei einer Hose findet man meistens zwei Linien, eine im Bereich der Oberschenkel, eine unterhalb der Knie. Um perfekt zu verlängern, werden natürlich nicht einfach unten 5 cm drangepackt, sondern die Mehrlänge gleichmäßig auf das Bein verteilt.

Man verkleinert ein Schnittmuster nicht über das Weglassen der Nahtzugabe. Warum? Schaut euch hierzu mal den Halsausschnitt und die Schulterpartie eines Shirts an. Die verschiedenen Größen sind hier nur wenige Millimeter voneinander entfernt. Wer beim Verkleinern am ganzen Schnitt 1 cm Nahtzugabe weglässt, hat an den Seitennähten vielleicht eine Größe eingespart, am Halsausschnitt aber gleich mehrere. Der Schnitt gerät somit völlig aus der Form. Bei einem Oversized-Shirt fällt das womöglich gar nicht auf, bei einem Hemdblusenkleid mit Kragen jedoch schon.

Beim Abpausen der Schnitte könnt ihr eigene Größenanpassungen vornehmen, indem ihr Größen auslaufen lasst. Ihr tragt eine Größe 38 und wollt beim Damenkleid Clara von Seite 105 etwas Mehrweite im Hüftbereich? Kein Problem: Paust einfach Vorder- und Rückteil entsprechen ab. Dazu markiert ihr euch den letzten Punkt, den ihr noch „original" haben wollt in der 38 und lasst ab da die Schnittlinie sanft zur Größe 40 auslaufen. Denkt aber daran, dass Vorder- und Rückteil aufeinander passen müssen und vergesst nicht, die Anpassung gleichmäßig vorzunehmen.

Damit ihr euch beim Anpassen der Schnitte leichter tut, sind die Nahtzugaben nicht in den Schnitten enthalten. Außerdem kann ich ja nicht wissen, wie eure Nadelposition ist und welches Nähfüßchen ihr benutzt. Die Nahtzugabe ist bei mir immer Nähfüßchenbreit, was ungefähr 0,7 cm an der Overlock und 1 cm an der Nähmaschine entspricht.

DAMENMODELLE

KÖRPERMAẞE	34	36	38	40	42	44
BRUSTUMFANG	82	85	88	92	96	100
TAILLENUMFANG	66	69	72	76	80	84
GESÄẞUMFANG	91	94	97	101	105	109
INNENBEINLÄNGE	78	78	78	78	78	78

HERRENMODELLE

KÖRPERMAẞE	S	M	L	XL
KÖRPERGRÖẞE	170	176	182	188
BRUSTUMFANG	90	98	106	114
TAILLENUMFANG	80	88	96	104
GESÄẞUMFANG	96	104	112	120

Hier findest du die Maße in Zentimetern, um die passende Größe für dich bzw. die Person, für die du nähst, herauszufinden. Achtung! Nur weil du bei gekaufter Kleidung eine 38 trägst, ist das nicht auch automatisch deine Größe beim Nähen.
Für die passende Größe der Kinderkleidung am besten an bereits vorhandener Kleidung orientieren. Die Kindermodelle sind alle in Größe 98/104 genäht, das zauberhafte kleine Model ist schon fast auf dem Sprung zur nächsten Größe.

BÜNDCHEN ANNÄHEN

Egal ob Hals-, Arm- oder Saumbündchen: Mit einem Bündchen wird ein sauberer Abschluss geschaffen. Das Bündchen ist dabei kürzer als die Strecke am Nähstück und muss gedehnt angenäht werden. Dies geschieht so, dass die Mehrweite des Nähstücks gleichmäßig auf das Bündchen verteilt wird. Wir sehen uns mal die Verarbeitung eines Armbündchens genauer an:

1. Zuerst wird das Bündchen zum Ring geschlossen. Dazu wird es rechts auf rechts gelegt und an der kurzen Seite zusammengenäht.
2. Die Naht wird auseinandergestrichen, bestenfalls sogar gebügelt. Nun wird es in der Hälfte links auf links zusammengefaltet. In einigen Schnittmustern ist dieser Umbruch sogar eingezeichnet.
3. So nimmt man nun das Bündchen und steckt es rechts auf rechts an den Ärmel. Ärmelsaum und offene Seite des Bündchens liegen aufeinander. Beim Annähen des Armbündchens sollte man darauf achten, dass die Naht des Bündchens und die Naht des Ärmels sich treffen.
4. Beim Nähen dehnt man das Bündchen gerade so weit, dass es der Länge der zuvor abgesteckten Stoffstrecke am Ärmel entspricht. Gedehnt wird dabei immer nur das Bündchen, nicht der Ärmel. Nach dem Wenden kann es gegebenenfalls noch von rechts knappkantig abgesteppt werden. Wenn das Bündchen beim An- und Ausziehen besonders stark gedehnt wird, empfehle ich für das Absteppen entweder den Dreifach-Geradstich oder das leicht elastische Garn Seraflex von Mettler. So bleiben die Steppnähte auch wirklich heil.

KNOPFLÖCHER

Wer eine Nähmaschine mit Knopflochautomatik hat, ist beim Thema Knopfloch fein raus: Theoretisch näht die Maschine das Knopfloch von selbst, lediglich Position und Größe müssen festgelegt werden. Ein Blick in die Anleitung der Maschine schadet nicht. Ein Probeknopfloch ist trotzdem immer Pflicht!

Je nach Maschine kann es sein, dass man als Erstes die Länge des Knopfloches ermitteln muss. Die Formel

Knopfdurchmesser + 2x Knopfdicke + 1mm Zugabe

hilft dabei.

Ein Knopfloch besteht aus zwei langen Zickzack-Raupen, die von zwei Riegeln begrenzt werden.

1. Stoff immer entsprechend verstärken – das ist vor allem bei dehnbaren und dünnen Stoffen unumgänglich.
2. Position des Knopfloches einzeichnen und mit der Knopflochautomatik der Nähmaschine nähen.
3. Mit einem Nahttrenner oder einer spitzen Schere vorsichtig auftrennen.

KRÄUSELN

Beim Kräuseln oder Krausen wird die Stoffbreite auf eine bestimmte Länge gebracht. Ich kräusele nicht gern, aber was muss, das muss …

Kräuseln mit der Haushaltsnähmaschine geht auf zwei Arten:

KRÄUSELN MIT DEM GERADSTICH

Innerhalb der Nahtzugabe werden zwei parallele Linien mit maximal langem Stich gesteppt. Anfang und Ende werden nicht verriegelt, der Faden wird nicht abgeschnitten und bleibt lang genug, um daran ziehen zu können. Meist sieht man beim Steppen, wie sich der Stoff wegen des langen Stichs schon leicht kräuselt. Der Stoff wird auf die gewünschte Länge gebracht, indem man an den beiden Unterfäden zieht, bis die gewünschte Länge erreicht ist. Der gekräuselte Stoff wird am entsprechenden Gegenstück festgenäht und danach werden die Hilfsfäden entfernt.

Ich nähe übrigens oft nur eine statt der „vorgegebenen" zwei Steppnähte und kann keinen Nachteil finden. Sieh dir hierzu mal den Damensweater Minna auf Seite 43 an.

KRÄUSELN MIT FRAMILONBAND

Das Framilonband ist ein Gummiband, welches auf die Länge der späteren Kräuselnaht geschnitten wird. Wie beim Annähen eines Bündchens werden sowohl Band als auch Nähstück in gleichmäßige Abschnitte geteilt und aneinandergesteckt. Wenn das Band zwischen den Abschnitten gedehnt angenäht wird, hat das gekräuselte Nähstück später die gewünschte Länge. Ich finde Framilonband vor allem bei kurzen Strecken praktisch. Wenn es an das Kräuseln von mehr als einem halben Meter geht, tut es mir fast ein bisschen um das viele Band leid. Außerdem ist es auch von der Stärke der Kräuselung abhängig, wie einfach sich das Band aufnähen lässt. Bei einer extremen Kräuselung würde ich zur Methode mit dem Unterfaden raten. Beim Kinderkleid Thea auf Seite 79 habe ich mit Framilonband gekräuselt.

Wer eine Overlock besitzt, kann auch mit dieser Kräuseln. Auf Seite 111 habe ich diese Technik beim Damenkleid Lykke angewendet.

STOFFEXPERIMENTE

Für den Stoff des Titelkleides dieses Buches bin ich selbst kreativ geworden und hab zur Farbe gegriffen. Gemeinsam mit meinem Sohn habe ich einen sonnigen Nachmittag mit einfarbigen Stoffen und verdünnten Siebdruckfarben auf der Terrasse verbracht. Es ist wirklich absolut gelingsicher und ein Spaß für die ganze Familie.

Wir haben Siebdruckfarbe (Stofffarbe geht sicher auch) so weit verdünnt, dass sie leicht vom Pinsel tropft, wenn man diesen bewegt. Nachdem alles gut mit alten Bettlaken abgedeckt war, haben wir zum tropfenden Pinsel gegriffen und mit diesem immer mutiger werdende Schwünge gemacht. Wer gut abgedeckt hat, darf dabei wirklich großzügig mit der Bewegung sein. Wer das nicht hat, muss nachher eben noch Putzbewegungen machen ...

Das Schöne ist: Erlaubt ist, was gefällt und auch jüngere Kinder können mitmachen. Wir haben auf cremefarbene sowie auf Stoffe in hellen Minttönen gekleckst. Unser Fazit: Je heller der Stoff, desto besser das Ergebnis. Die Siebdruckfarbe ist zwar hochdeckend, aber die Pigmente werden zum schwungvollen Klecksen noch mal mit Wasser verdünnt. Weiß ist also die Stofffarbe eurer Wahl.

Mein Sohn hat übrigens einen Hoodie Matti (siehe Seite 55) aus seinem selbst gestalteten Stoff bekommen und könnte stolzer nicht sein.

PROJEKTE

DAMENSHIRT BONNI

SCHWIERIGKEITSGRAD:
- Schaffst du locker!

Kastig geschnittenes Shirt mit ¾-Arm und U-Boot-Ausschnitt

Bonni wird mit Beleg verarbeitet und kommt daher ohne Bündchen aus. Weit überschnittene Schultern und U-Boot-Ausschnitt sorgen dabei für einen sportlich Look.

STOFFAUSWAHL:

Alle Arten Jersey sowie dünner Sweat, optional Einlage für die Belege

Stoffverbrauch:

130 cm (bei einer Breite von 140 cm)

DAS BRAUCHST DU:

- 1x Vorderteil im Bruch
- 1x Rückteil im Bruch
- 1x Vorderteilbeleg im Bruch
- 1x Rückteilbeleg im Bruch
- 2x Ärmel im Bruch

Du findest alle Schnittteile auf Schnittmusterbogen 1 sowie eine Übersicht auf Seite 122.

ZUSCHNITT:

Gib eine Nahtzugabe von 0,7 cm und eine Saumzugabe von mindestens 1,5 cm zum Schnitt hinzu.

Bei sehr dünnen und elastischen Stoffen sollten die Belegteile mit elastischer Vlieseline verstärkt werden.

TIPP:

Ohne Ärmel ist Bonni auch ein prima Kurzarm-Shirt! Dann aber die Saumzugabe am Armausschnitt beim Zuschnitt nicht vergessen!

1. Jersey muss nicht versäubert werden – ich starte direkt mit dem Nähen.
2. Stecke das Vorderteil und das Rückteil rechts auf rechts und schließe die Schulternähte. Ganz perfekt wird das Shirt, wenn die Schulternähte mit einem Geradstich geschlossen werden. So kann die Nahtzugabe auseinandergebügelt werden und der Beleg liegt glatter. Mit der Overlock geht es aber natürlich schneller …
3. Nähe den Vorderteilbeleg rechts auf rechts an den Rückteilbeleg – so wie zuvor Vorder- und Rückteil. Auch hier wird das Endergebnis mit der Nähmaschine schöner als mit der Overlock.
4. Bügle die Nähte von Oberteil und Beleg auseinander. Stecke den Beleg rechts auf rechts an das Oberteil und nähe ihn fest.

5. Klappe den Beleg um, bügle ihn und steppe ihn ab. Bei meinem Ringeljersey gefällt mir eine Naht mit ca. 1 cm Abstand zum Ausschnitt ganz gut. Wer näher an der Kante steppt, muss den Beleg eventuell an der Schulternaht zusätzlich fixieren. Nichts nervt mehr als ein Beleg, der beim Tragen hervorlugt!

6. Stecke und nähe die Ärmel rechts auf rechts in die jeweiligen Armausschnitte. Achte dabei auf die Passzeichen an Ärmel und Oberteil – sie müssen sich treffen.

7. Schließe die Seitennähte. Lege dazu das Oberteil rechts auf rechts und stecke die komplette Strecke, von Ärmel bis Saum, bevor du sie nähst.

8. Schlage die Säume um und steppe sie fest. Ich nehme hierfür gern leicht dehnbares Garn, zum Beispiel Seraflex. So hält die Naht auch mit einem einfachen Geradstich etwas aus und reißt nicht so schnell.

HERRENSHIRT BENT

SCHWIERIGKEITSGRAD:
- Schaffst du locker!

Longsleeve mit überschnittenen Schultern

Das Basicteil für den Mann ist so schnell genäht, dass man am besten gleich in Serie geht.

STOFFAUSWAHL:

Alle Arten Jersey

Stoffverbrauch:

150 cm (bei einer Breite von 140 cm)

DAS BRAUCHST DU:

- 1x Vorderteil im Bruch
- 1x Rückteil im Bruch
- 2x Ärmel gegengleich
- 1x Halsbündchen

Du findest alle Schnittteile auf Schnittmusterbogen 1 sowie eine Übersicht auf Seite 122.

ZUSCHNITT:

Gib eine Nahtzugabe von 0,7 cm und Saumzugaben von 1,5 cm zum Schnitt hinzu.

TIPP:

Herrenkleidung kommt naturgemäß mit einem etwas höheren Stoffverbrauch daher. Ich baue daher gerne eine Querteilung ein, um auch kleinere Stoffstücke verarbeiten zu können.

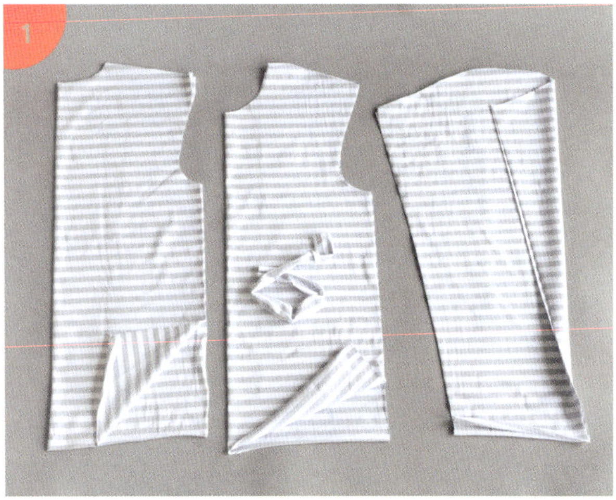

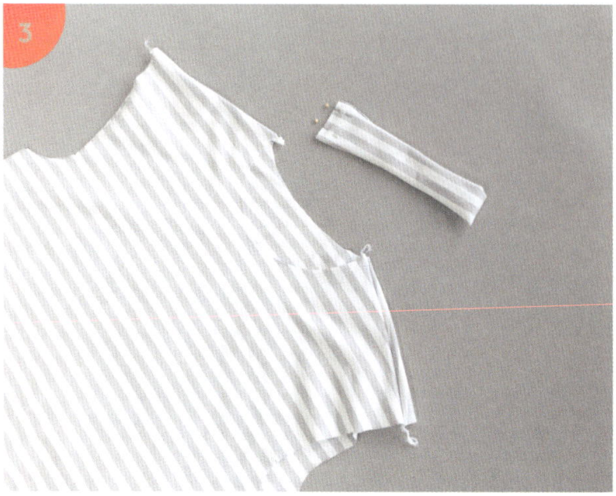

1. Jersey muss nicht versäubert werden und wir können gleich mit dem Nähen starten.
2. Stecke Vorderteil und Rückteil rechts auf rechts und schließe beide Schulternähte.
3. Das Halsbündchen wird ebenfalls rechts auf rechts zum Ring geschlossen.
4. Das Bündchen wird im Umbruch gefaltet und gut gebügelt, siehe dafür die eingezeichnete Faltkante. Danach wird es rechts auf rechts mit gleichmäßiger Dehnung an den Halsausschnitt gesteckt. Dazu werden sowohl Ausschnitt als auch Bündchen in gleichmäßige Abschnitte unterteilt.

5. Nun werden die Ärmel rechts auf rechts an das Shirt gesteckt. Beachte dabei die Markierungen für vorne/hinten und die Schulternaht.

6. Lege das Shirt rechts auf rechts und schließe die Seitennähte von Ärmel bis Saum.

7. Schlage nun noch alle Säume um und steppe sie fest – fertig ist das gute Stück!

KINDERSHIRT BEN/ITA

SCHWIERIGKEITSGRAD:

- Schaffst du locker!

Kastiges Shirt mit überschnittenen Schultern und „Streberstreifen"

Ben/ita ist ein lockeres Kindershirt für jede Gelegenheit. Mit dem optionalen Streberstreifen macht es auch in ausgezogenem Zustand was her – bitte trotzdem nicht auf dem Kinderzimmerboden herumliegen lassen!

STOFFAUSWAHL:

Alle Jerseystoffe oder dünnerer Sweat

Stoffverbrauch:

90 cm (bei einer Breite von 140 cm)

DAS BRAUCHST DU:

- 1x Vorderteil im Bruch
- 1x Rückteil im Bruch
- 2x Ärmel gegengleich
- 1x Bündchen, 4,5 cm breit und höchstens so lang wie der Ausschnitt (Rest wird abgeschnitten)
- Optional 1x Jerseystreifen, 2 cm breit und ca. 15 cm lang

Du findest alle Schnittteile auf Schnittmusterbogen 1 sowie eine Übersicht auf Seite 122.

ZUSCHNITT:

Ben/ita nähe ich komplett mit der Overlock und gebe deshalb eine Nahtzugabe von 0,5–0,7 cm zu. Wenn du mit der Haushaltsnähmaschine und dem Zickzackstich nähst, passe die Nahtzugabe an. Die Saumzugabe beträgt 1,5 cm.

TIPP:

Ben/ita ist ganz gerade geschnitten und lässt sich daher sehr leicht verlängern oder kürzen. Crop-Tops und Minikleidern steht also rein gar nichts im Wege!

1. Ich habe mich für einen optionalen Bündchenversäuberungsstreifen am Ausschnitt entschieden und deshalb noch einen ca. 2 cm breiten Jerseystreifen zugeschnitten, der ungefähr die Länge des hinteren Halsausschnitts hat.
2. Lege Vorder- und Rückteil rechts auf rechts und schließe eine Schulternaht. Achtung, nur eine, nicht beide Schulternähte!
3. Das Bündchen ist links auf links gefaltet, aber nicht zum Ring geschlossen, sondern noch offen. Es wird nun an der offenen Schulter rechts auf rechts angesteckt. Dabei starte ich am Rückteil und fixiere es nur am Anfang der Strecke …
4. … darüber stecke ich, rechts auf rechts, den Versäuberungsstreifen. Ich nähe das Bündchen leicht gedehnt an Vorder- und Rückteil an. Dabei dehne ich das Bündchen gleichmäßig. Den „Streberstreifen" dehne ich einfach mit.

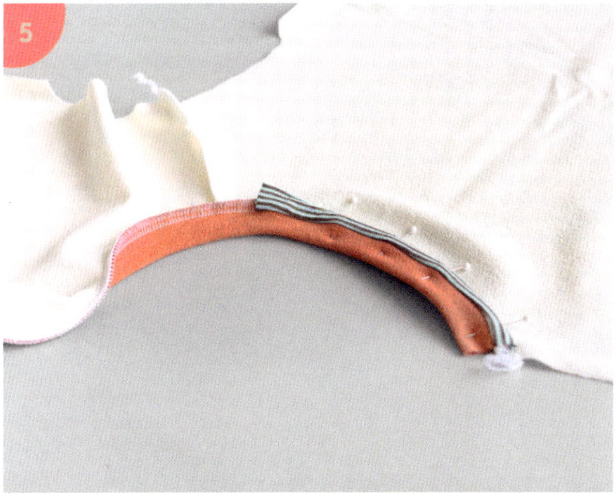

5. Nun wird der Versäuberungsstreifen um die Naht geschlagen und festgesteckt. Das geht natürlich auch bei einer einfachen Nähmaschinennaht.
6. Der umgeschlagene Streifen wird jetzt knappkantig festgenäht. Nutze dafür entweder den Dreifach-Geradstich oder ein leicht dehnbares Garn – die Naht ist später schließlich der gleichen Dehnung ausgesetzt wie das Bündchen und soll das auch aushalten. Achte auch auf die Farbe des Unterfadens, er ist später auf der Rückseite des Shirts sichtbar.
7. So sieht der Ausschnitt nun aus. Spätestens jetzt darf der überstehende Rest des Bündchens noch abgeschnitten werden.
8. Nun wird noch die zweite Schulternaht rechts auf rechts geschlossen. Die Overlockraupe anschließend einfach mit einer Stopfnadel ins Innere der Naht ziehen.

9. Beide Ärmel müssen noch rechts auf rechts eingenäht werden. Achte auf die Knipse für Vorder- und Rückteil und den Schulterpunkt.

10. Ich versäubere die offenen Ärmel schon vor dem Schließen der Seitennaht, natürlich kann man sie auch später erst säumen.

11. Nun die Seitennähte rechts auf rechts schließen. Wer ein Label einnähen möchte, muss jetzt daran denken und es in der Seitennaht mitfassen.

12. Zum Schluss muss noch der Saum genäht werden und schon ist Ben/ita fertig. Selbst mit dem zusätzlichen Streberstreifen ist das Shirt wirklich flott genäht.

DAMENSWEATER MINNA

SCHWIERIGKEITSGRAD:

- Schaffst du locker!

Kurz geschnittener Sweater mit optionaler Armrüsche

Minna ist entweder ein besonders schnelles Projekt oder lädt mit seiner Rüsche zum Experimentieren ein: kurze Rüsche, lange Rüsche, verrücktes Material – erlaubt ist, was gefällt.

STOFFAUSWAHL:

Alle Arten Sweat, passender Bündchenstoff

Stoffverbrauch:

140 cm (bei einer Breite von 140 cm)

DAS BRAUCHST DU:

- 1x Vorderteil im Bruch
- 1x Rückteil im Bruch
- 2x Ärmel im Bruch
- 1x Halsbündchen im Bruch
- 2x Armbündchen
- 1x Saumbund im Bruch
- 2x Rüsche im Bruch

Du findest alle Schnittteile auf Schnittmusterbogen 2 sowie eine Übersicht auf Seite 122.

ZUSCHNITT:

Gib eine Nahtzugabe von 0,7 cm zum Schnitt hinzu. Wenn dein Stoff eher dick ist, schneide die Rüschen breiter zu. Je dicker der Stoff, desto schwerer lässt er sich raffen und desto mehr steht die Rüsche hoch.

TIPP:

Minna ist kurz geschnitten, aber die Form ist gerade und kann daher leicht verlängert werden. Wenn du dir nicht sicher bist, gib beim Zuschnitt etwas Länge hinzu – abgeschnitten ist schneller als angenäht!

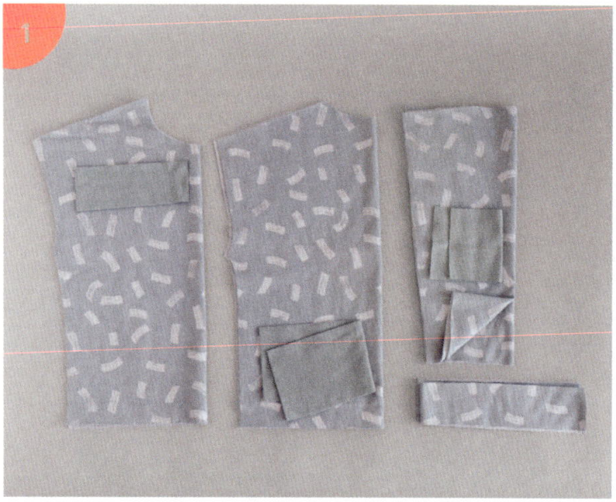

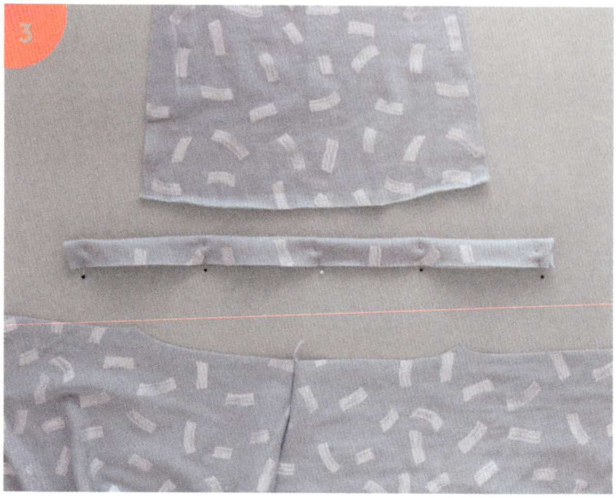

1. Sweat muss nicht versäubert werden und ich starte direkt mit dem Nähen.
2. Stecke das Vorderteil und das Rückteil rechts auf rechts und schließe die Schulternähte.
3. Die Rüsche muss gleich zwischen Ärmel und Oberteil eingenäht werden. Damit sie vorher noch zur Rüsche wird, schließe ich die lange Seite links auf links ...
4. ... und kräusle sie auf die gewünschte Länge. Verschiedene Methoden zum Kräuseln findest du auf Seite 22.

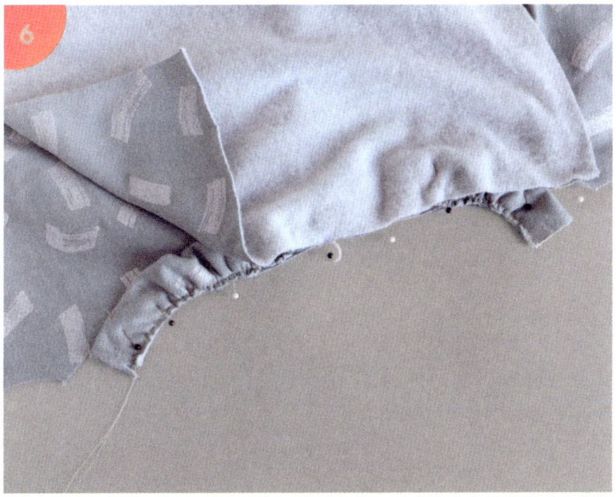

5. Nun die Rüsche an das Oberteil stecken. Ich stecke sie so, dass sie zur Achsel hin auf beiden Seiten sanft ausläuft. Die Knipse für die Schulternaht und den Ansatz der Rüsche dienen hierbei zur Orientierung. Je nach Stoff und Breite der Rüsche kann aber auch rundherum mit weniger Raffung oder kürzer mit mehr Raffung gut aussehen.

6. Sitzt die Rüsche am perfekten Platz, wird noch der Ärmel rechts auf rechts darüber gesteckt. Achte beim Nähen darauf, dass Ärmel, Rüsche und Oberteil mitgefasst werden.

7. So sieht der Ärmel mit Rüsche aus.

8. Schließe die Seitennähte. Lege dazu das Oberteil rechts auf rechts und stecke die komplette Strecke von Ärmel bis Saum, bevor du sie nähst.

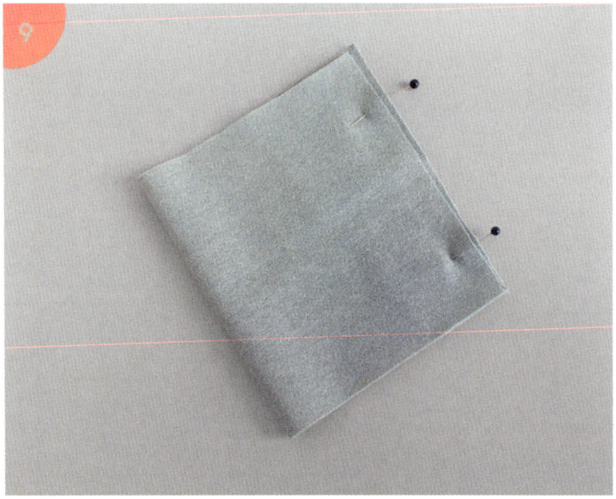

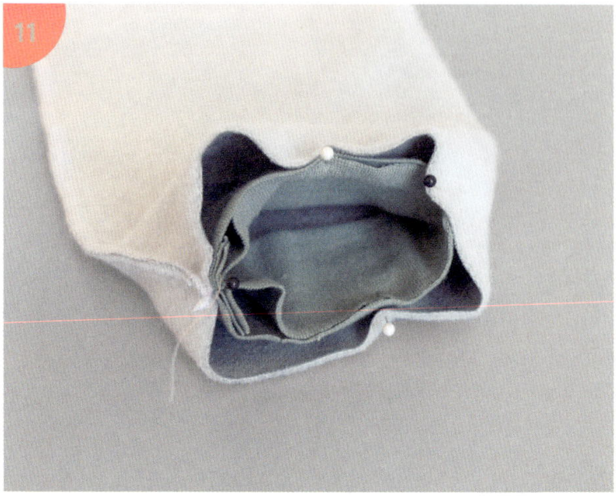

9. Nun müssen noch alle Bündchen an den Sweater. Schließe die Bündchen jeweils rechts auf rechts zum Ring. Am besten nähst du diese Naht mit der Nähmaschine, um die Nahtzugabe schön sauber auseinanderbügeln zu können.

10. Klappe die Bündchen links auf links im Umbruch, siehe dafür die eingezeichnete Faltkante. Sie haben also nur noch die halbe Höhe und liegen doppelt.

11. Die Bündchen werden in gleichmäßige Abschnitte aufgeteilt. Die gleiche Aufteilung wird am Nähstück vorgenommen. So können die Abschnitte rechts auf rechts aneinandergesteckt werden. Beim Festnähen wird dann das Bündchen (niemals das Nähstück!) gleichmäßig auf die Länge des Nähstücks gedehnt.

12. Für das perfekte Ergebnis steppe ich noch alle Bündchen knappkantig ab und freue mich dann über meinen neuen Sweater.

HERRENHOODIE MALTE

SCHWIERIGKEITSGRAD:
- Schaffst du locker!

Lässiger Hoodie mit überschnittenen Schultern

Malte ist locker geschnitten und wärmt im Sommer nach dem Baden am Strand genauso wie im Herbst auf der Couch.

STOFFAUSWAHL:
Sweat oder Sommersweat, (optional) Bündchenware

Stoffverbrauch:
200 cm (bei einer Breite von 140 cm) oder
165 cm (bei einer Breite von 140 cm) Oberstoff, wenn die Innenkapuze aus Futterstoff und die Bündchen aus Bündchenstoff genäht werden

DAS BRAUCHST DU:
- 1x Vorderteil im Bruch
- 1x Rückteil im Bruch
- 2x Ärmel gegengleich
- 2x Armbündchen
- 1x Saumbündchen im Bruch
- 4x Kapuze, je 2x gegengleich (optional 2x aus Futterstoff (Jersey) + 2x aus Oberstoff)

Du findest alle Schnittteile auf Schnittmusterbogen 2 sowie eine Übersicht auf Seite 122.

ZUSCHNITT:
Gib eine Nahtzugabe von 0,7 cm zum Schnitt hinzu. Wenn du Maltes Bündchen aus Oberstoff statt Bündchenware nähst, schneide sie etwas länger zu, da dein Stoff wahrscheinlich nicht so dehnbar ist wie Bündchenware.

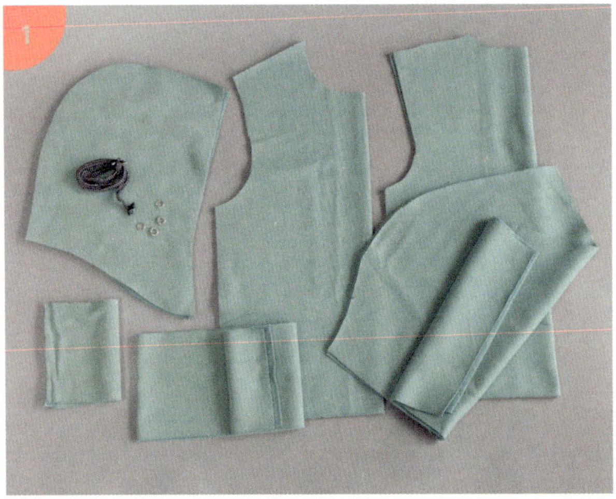

1. Da der Sweat nicht versäubert werden muss, legen wir gleich mit dem Nähen los. Wenn du Ösen in der Kapuze haben möchtest, verstärke die Stoffrückseite an den dafür vorgesehenen Markierungen und schlage die Ösen ein. Man vergisst es ja gern mal im Eifer des Nähens.

2. Stecke Vorderteil und Rückteil rechts auf rechts und schließe beide Schulternähte.

3. Nähe die Ärmel entsprechend der Passzeichen rechts auf rechts ein.

4. Schließe die Arm- und Seitennähte rechts auf rechts. Wer ein Label einnähen möchte, muss jetzt daran denken und es in der Seitennaht mitfassen.

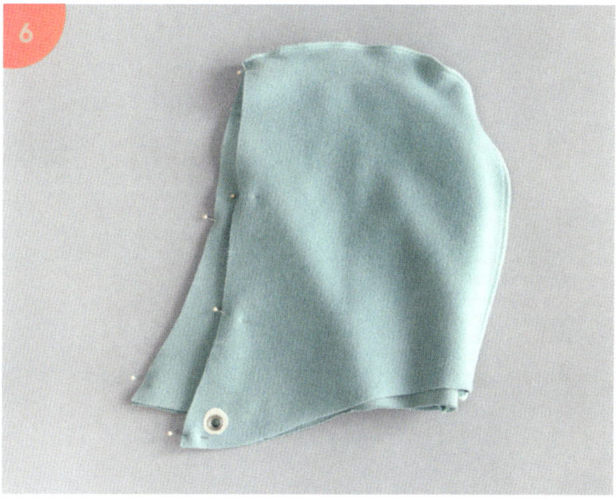

5. Stecke die beiden Kapuzenteile von Außen- und Innenkapuze jeweils rechts auf rechts und nähe sie an der späteren Mittelnaht zusammen.

6. Die Außen- und die Innenkapuze werden nun rechts auf rechts ineinandergesteckt und an der Vorderseite zusammengenäht. Wer noch keine Ösen angebracht hat, sollte das an dieser Stelle erledigen – die Kapuze kann aber natürlich auch ohne Kordel bleiben.

7. Wende die Kapuze und bügle sie gut. Wer mag, steppt die vordere Kante knappkantig ab oder näht direkt die Naht für den Tunnelzug.

8. Um es mir leichter zu machen, nähe ich die noch offene Unterseite der Kapuze innerhalb der Nahtzugabe zusammen.

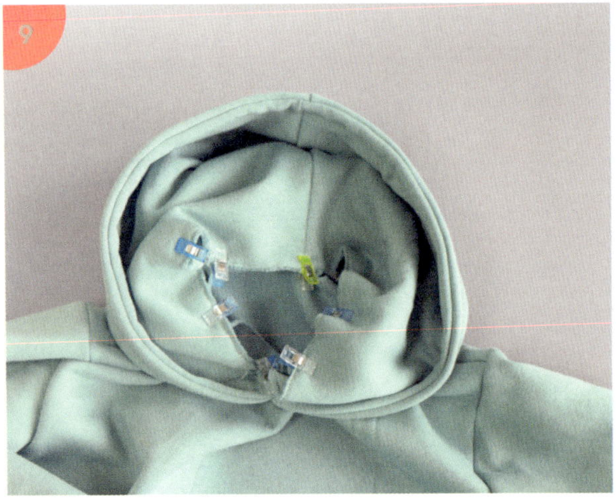

9. Nun wird die Kapuze rechts auf rechts an den Halsausschnitt gesteckt. Orientiere dich hierbei an der hinteren Mitte und den Passzeichen für die Schulternaht.

10. Jetzt noch die Saum- und Armbündchen zum Ring schließen und rechts auf rechts annähen. Auf Seite 20 ist das ausführlich beschrieben. Da ich meine Bündchen aus weniger dehnbarem Oberstoff nähe, teste ich sicherheitshalber, bevor ich sie zum Ring schließe, ob sie nicht doch zu lang oder kurz sind.

11. Zuletzt muss natürlich noch die Frage der passenden Kordel geklärt werden. Wer motiviert ist, kann die Kordel natürlich auch immer zum jeweiligen Outfit tauschen. Im Gegensatz zu Kinderhoodies würde ich sie bei Erwachsenenmode nicht in der Kapuze festnähen.

KINDERHOODIE MATTI

SCHWIERIGKEITSGRAD:

- Schaffst du locker!

Material-Mix-Hoodie mit überschnittenen Schultern

Mit dem locker geschnittenen Matti setzt du auch nicht dehnbare Stoffschätze in Szene.

STOFFAUSWAHL:

Sweat oder Sommersweat und Bündchenware, (optional) Stepp oder Musselin

Stoffverbrauch:

110 cm (bei einer Breite von 140 cm)

DAS BRAUCHST DU:

- 1x Oberes Vorderteil im Bruch
- 1x Unteres Vorderteil im Bruch
- 1x Oberes Rückteil im Bruch
- 1x Unteres Rückteil im Bruch
- 2x Ärmel im Bruch
- 2x Armbündchen
- 1x Saumbündchen im Bruch
- 4x Kapuze, je 2x gegengleich

Du findest alle Schnittteile auf Schnittmusterbogen 3 sowie eine Übersicht auf Seite 123.

ZUSCHNITT:

Gib eine Nahtzugabe von 0,7 cm zum Schnitt hinzu. Wenn du keine Teilung und keinen Materialmix nähen möchtest, klebe jeweils das getrennte Vorder- und das getrennte Rückteil vor dem Zuschnitt zusammen.

TIPPS:

Grundsätzlich lassen sich alle Stoffe in Matti verarbeiten. Der Tragekomfort ist aber höher, wenn die Stoffe von der Dicke her ähnlich sind – z. B. dünner Musselin + Jersey und dicker Stepp + Sweat. Bei der Kombination Musselin + Sweat würde ich den Musselin entweder doppelt nehmen oder ihn auf dünneren Sweat aufnähen. Hier kann man auch toll eigene Quilt-Kreationen machen!

Wer komplett aus dehnbaren Stoffen näht, kann auch das Rückteil trennen. Wer wie ich einen nicht dehnbaren Stoff im unteren Vorderteil einsetzt, sollte das Rückteil lieber in einem Stück aus dehnbarem Stoff zuschneiden. So lässt sich der Pulli auch ganz sicher komfortabel an- und ausziehen.

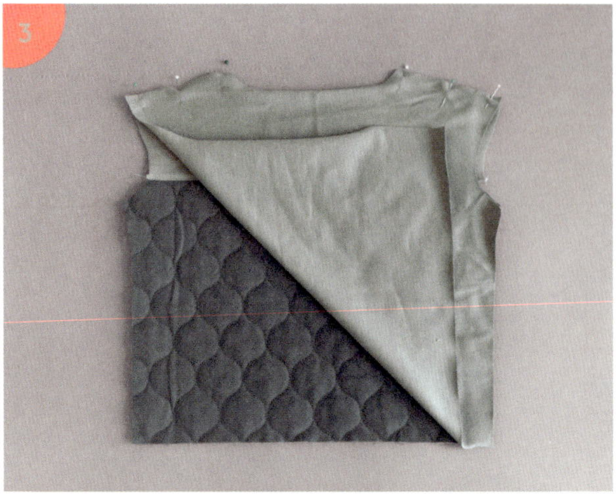

1. Da der Sweat nicht versäubert werden muss, legen wir gleich mit dem Nähen los. Als Inspiration habe ich in meinem Stoffschrank gegraben und alle farblich passenden Stoffe zusammengelegt: von Handtuchfrottee über Waffelpiqué kam da einiges zusammen.

2. Stecke oberes und unteres Vorderteil rechts auf rechts und nähe das Vorderteil zusammen. Gegebenenfalls kann die Naht noch knappkantig von rechts abgesteppt werden. Ist dein Rückteil ebenfalls geteilt, nähe auch hier oberes und unteres Rückteil zusammen.

3. Stecke Vorder- und Rückteil rechts auf rechts und schließe beide Schulternähte.

4. Nähe die Ärmel entsprechend der Passzeichen rechts auf rechts ein.

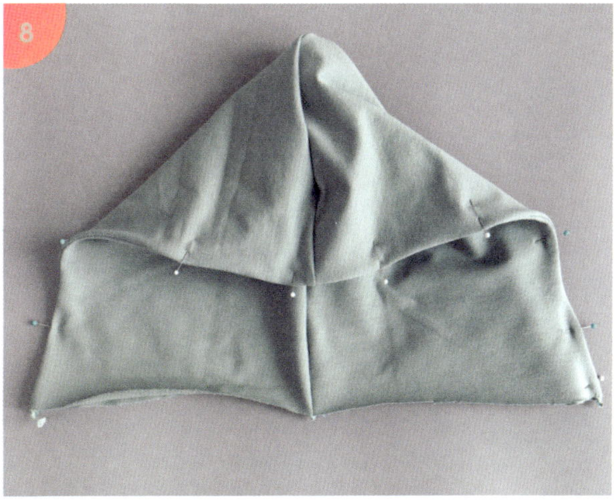

5. Schließe die Arm- und Seitennähte. Wer ein Label einnähen möchte, muss jetzt daran denken und es in der Seitennaht mitfassen.

6. Stecke die beiden Kapuzenteile von Außen- und Innenkapuze jeweils rechts auf rechts und nähe sie an der späteren Rückseite zusammen.

7. Die Außen- und Innenkapuzen werden nun ineinandergesteckt und an der Vorderseite rechts auf rechts zusammengenäht. Wenn du Ösen in der Kapuze haben möchtest, wäre jetzt der richtige Zeitpunkt dafür. Ich verzichte bei Kinderkleidung aus Sicherheitsgründen oft darauf oder ziehe nur festgenähte Fake-Kordeln in den Tunnelzug ein. Denk an das Verstärken des Stoffes, bevor du die Ösen an den markierten Stellen einschlägst!

8. Wende die Kapuze und bügle sie gut. Wer mag, steppt die vordere Kante knappkantig ab oder näht einen Tunnelzug.

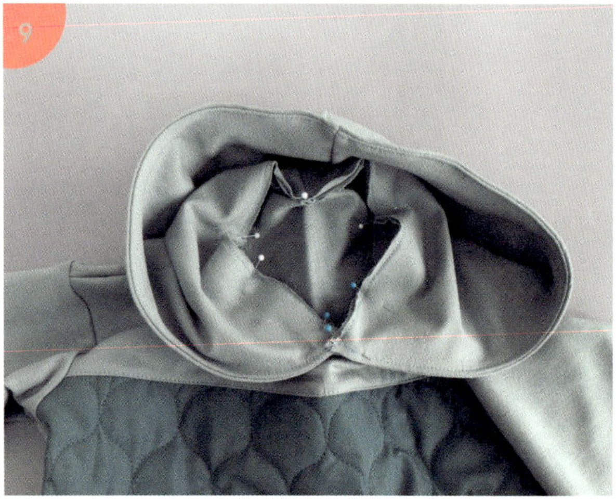

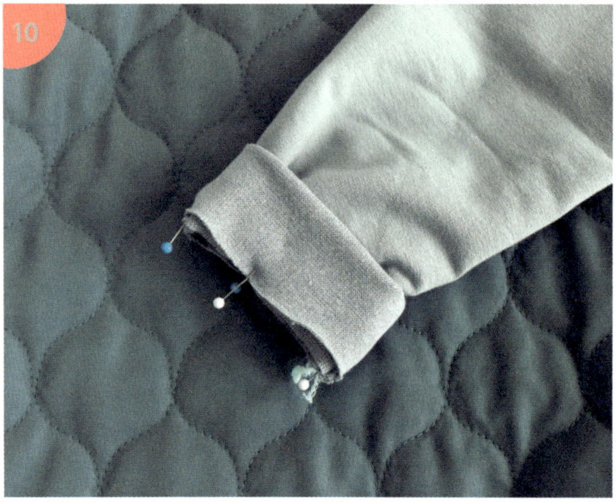

9. Damit beim Einnähen der Kapuze an den Ausschnitt nur ein Teil genäht werden muss, steppe die Unterseite innerhalb der Nahtzugabe noch zusammen. Danach wird die Kapuze rechts auf rechts an den Halsausschnitt gesteckt. Orientiere dich hierbei an der hinteren Mitte und den Passzeichen für die Schulternaht.

10. Nun noch die Saum- und Armbündchen zum Ring schließen und rechts auf rechts annähen. Auf Seite 20 ist das ausführlich beschrieben. Da ich meine Bündchen aus weniger dehnbarem Oberstoff nähe, teste ich sicherheitshalber, bevor ich sie zum Ring schließe, ob sie nicht doch zu lang oder kurz sind. Dazu dehne ich die Bündchen einfach auf die Länge, die sie später haben müssen. Meistens passt es, wenn nicht, kann ich bei der Nahtzugabe noch etwas tricksen und diese einfach etwas knapper abnähen.

11. Fertig ist der Materialmix-Hoodie!

KINDERHOSE HARRI/ET

SCHWIERIGKEITSGRAD:

⊗ ⊗ Nimm dir ein bisschen Zeit und dazu einen guten Tee!

Leichte Leinenhose mit aufgesetzter Tasche

Die gemütliche Hose sorgt sowohl auf dem Spielplatz als auch beim Familienfest für Begeisterung – mit einer Leinenhose sind die Minis einfach immer gut angezogen.

STOFFAUSWAHL:

Leinen oder Musselin, leichte Einlage für den Bund

Stoffverbrauch:

80 cm (bei einer Breite von 140 cm)

DAS BRAUCHST DU:

- 2 x Vorderhose gegengleich
- 2 x Hinterhose gegengleich
- 1 x Bund im Bruch
- 2 x Vorderer Taschenbeutel gegengleich
- 2 x Hinterer Taschenbeutel gegengleich
- 1 x Aufgesetzte Tasche
- Gummiband in Taillenweite (2,5 cm breit)

Du findest alle Schnittteile auf Schnittmusterbogen 3 sowie eine Übersicht auf Seite 123.

ZUSCHNITT:

Gib eine Nahtzugabe von 1 cm sowie eine Saumzugabe am Bein von 1,5 cm zum Schnitt hinzu.

TIPP:

Wenn die Hose mitwachsen soll, schneide sie etwas länger zu und schlage den Saum mehrfach um statt ihn abzusteppen. Das passt auch super zum lässigen Stil der Hose.

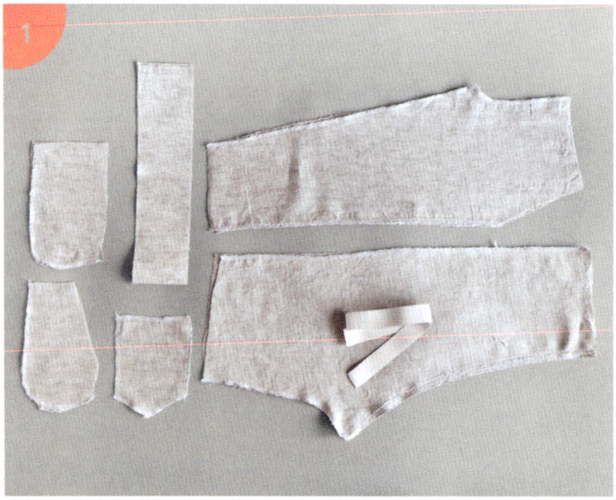

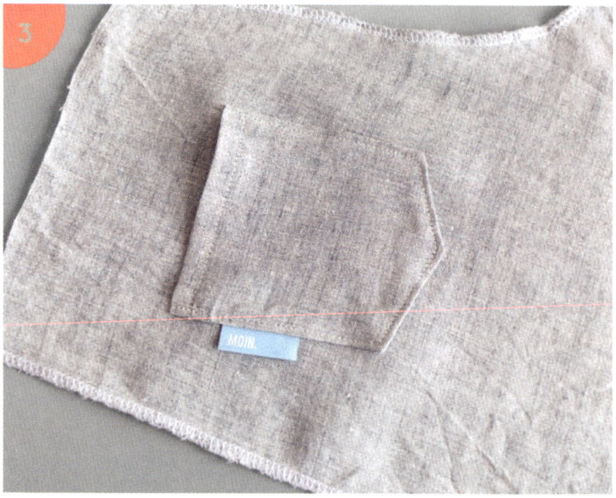

1. Ich habe alle Schnittteile mit der Overlock versäubert. Der Bund ist mit einer dünnen Einlage bebügelt.

2. Wir beginnen mit der aufgesetzten Tasche. Als Hilfe habe ich mir das Schnittteil aus dünnem, aber stabilem Karton ausgeschnitten und bügle die Tasche so in Form. Hier lieber zu viel bügeln als zu wenig!

3. Die obere Kante, der Eingriff, wird links auf links umgeschlagen und abgesteppt. Danach wird die Tasche auf der Markierung der Hinterhose platziert und an den anderen vier Seiten knappkantig festgesteppt. Natürlich darf auch gerne eine eigene Taschenform ausgedacht werden. Ein simples Viereck ist zum Beispiel deutlich einfacher aufzusteppen und erfüllt ebenfalls seinen Zweck.

4. Und schon geht's weiter mit den nächsten Taschen. Lege den vorderen Taschenbeutel rechts auf rechts auf die Vorderhose und nähe ihn an der Eingriffkante fest. Danach wird der Taschenbeutel einmal umgeschlagen und von rechts abgesteppt, wie im Bild rechts zu sehen ist.

5. Der hintere Taschenbeutel wird nun rechts auf rechts auf den vorderen gesteckt. Meinen Taschenbeutel habe ich einfach ringsherum auf die Hose gesteppt und mich dabei an der Overlocknaht orientiert. Natürlich ist auch ein loser Taschenbeutel möglich: Dann sind auf der Vorderseite der Hose keine Nähte zu sehen, die beiden Beutel werden ohne die Hose aneinandergenäht und seitlich sowie oben in der Nahtzugabe fixiert. Ein Beispiel dazu findest du bei der Damenhose Hedi auf Seite 73. Gerade bei Kinderhosen krabbelt so ein Taschenbeutel aber auch gerne mal heraus und so bleibt er an Ort und Stelle.

6. Nähe nun jeweils ein Vorderhosenteil und ein Hinterhosenteil an der Seitennaht rechts auf rechts zusammen.

7. Die innere Naht der Hosenbeine wird ebenso geschlossen.

8. Wende ein Bein auf rechts und stecke dieses in das andere. Die Hosenbeine liegen ineinander rechts auf rechts.

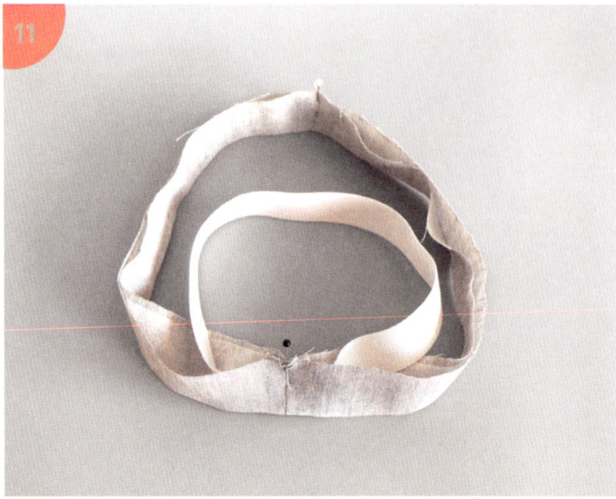

9. Schließe die Naht im Schritt.

10. Schließe den Bund zum Ring und bügle den Umbruch. Siehe dazu die eingezeichnete Faltkante.

11. Nun wird es verrückt: Ich messe das Gummiband an der Taillenweite des Kindes ab und schließe es ebenfalls zum Ring. Zur Sicherheit: Das Band muss gedehnt über die Hüfte gehen, darf aber nicht von der Taille rutschen. Wer kein Testkind zur Hand hat, kann auch an einer passenden Kinderhose anlegen. Das Gummiband kommt jetzt in den Bund. Dort nähe ich es ein, indem ich die offene Seite einfach innerhalb der Nahtzugabe absteppe.

12. So habe ich mir eine Art Bündchen gebastelt, das ich unter Dehnung rechts auf rechts an die Hose annähen kann. Dabei dehne ich so weit es geht, denn der Bund passt exakt an die Hose. Der Vorteil dieser Nähweise ist, dass ich kein Gummiband einfädeln muss und den Bund schon vor dem Annähen schön absteppen kann.

13. Nach dem Festnähen kann der Bund noch mal an der unteren Kante abgesteppt werden. Zum Schluss noch beide Hosenbeine säumen oder mehrfach umschlagen.

HERRENHOSE HOLGER

SCHWIERIGKEITSGRAD:

- Schaffst du locker!

Leichte Leinenhose mit aufgeschlagenem Beinabschluss

Ob am Strand oder im Büro: Eine luftige Leinenhose darf natürlich auch im Kleiderschrank des Mannes nicht fehlen.

STOFFAUSWAHL:

Leinen oder Musselin, leichte Einlage für den Bund

Stoffverbrauch:

175 cm (bei einer Breite von 140 cm)

DAS BRAUCHST DU:

- 2 x Vorderhose gegengleich (auf Schnittmusterbogen zweigeteilt)
- 2 x Hinterhose gegengleich (auf Schnittmusterbogen zweigeteilt)
- 1 x Bund im Bruch
- 2 x Vorderer Taschenbeutel gegengleich
- 2 x Hinterer Taschenbeutel gegengleich
- Gummiband in Taillenweite (2,5–3 cm breit)
- Optional 2 Ösen und 1 Kordel

Du findest alle Schnittteile auf Schnittmusterbogen 4 sowie eine Übersicht auf Seite 123.

ZUSCHNITT:

Gib eine Nahtzugabe von 1 cm sowie eine Saumzugabe am Bein von 1,5 cm zum Schnitt hinzu.

TIPP:

Eine kurze Hose wäre dir lieber? Kein Problem! Holger kann einfach auf Wunschlänge abgeschnitten werden. Schlafanzughose? Easy! Hierfür statt eines normalem Gummibands ein Wäschegummi einziehen, das besonders weich ist, und die Taschen einfach weglassen. Achtung beim Zuschnitt der Vorderhosenteile: Das fehlende Stück von der Tasche muss dann natürlich ergänzt werden.

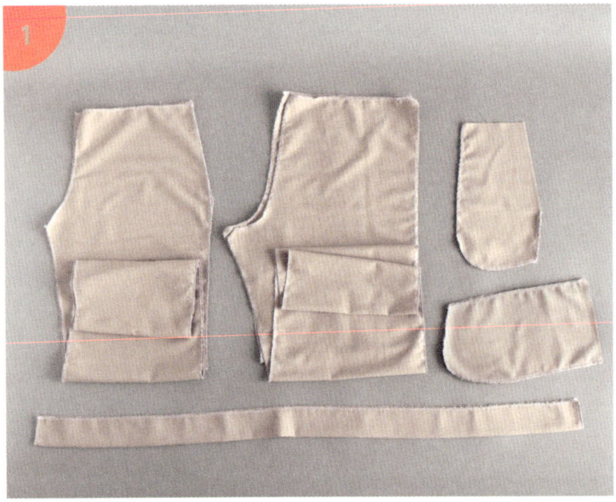

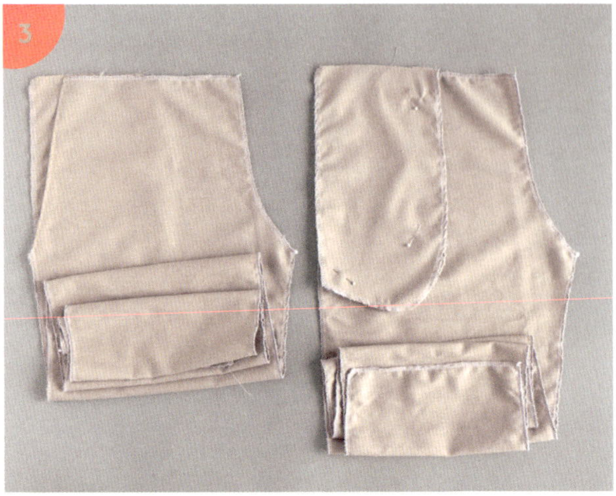

1. Ich habe alle Schnittteile mit der Overlock versäubert. Der Bund ist für mehr Stabilität mit einer dünnen Einlage bebügelt.
2. Lege den vorderen Taschenbeutel rechts auf rechts auf das Vorderhosenteil und nähe ihn an der Eingriffkante fest. Danach wird der Taschenbeutel einmal umgeschlagen und von rechts abgesteppt.
3. Der hintere Taschenbeutel wird nun rechts auf rechts auf den vorderen gesteckt. Stecke dabei nur den Beutel, nicht das Hosenbein aufeinander!
4. Nähe jeweils ein vorderes und hinteres Hosenbein an der Seitennaht rechts auf rechts aneinander.

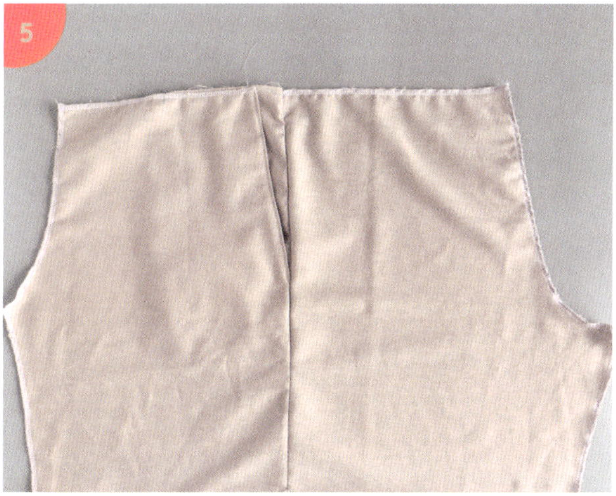

5. Es sollte nun aussehen wie hier auf diesem Bild.
6. Die innere Naht der Hosenbeine wird ebenso geschlossen.
7. Wende ein Hosenbein auf rechts und stecke dieses in das andere. Die Hosenbeine liegen ineinander rechts auf rechts. So kann die Naht im Schritt geschlossen werden.
8. Weiter geht es mit dem Bund. Wer Ösen möchte, schlägt diese nun ein. Dabei bitte die nötige Verstärkung nicht vergessen!

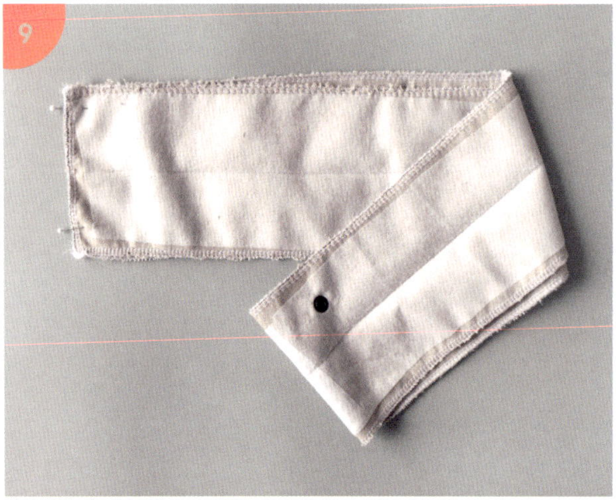

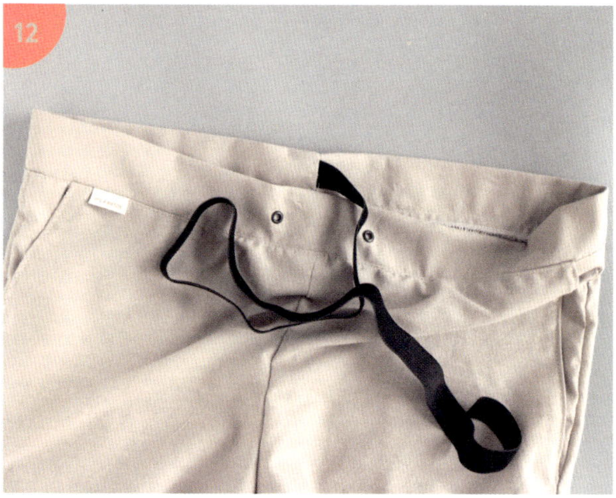

9. Schließe den Bund zum Ring und lass dabei auf der späteren Innenseite eine kleine Lücke für das Gummiband. Falte den Bund anschließend im Umbruch. Siehe dazu die eingezeichnete Faltkante.

10. Im Bild sieht man die kleine Lücke für das Gummiband mit Stecknadeln markiert.

11. Der Bund wird rechts auf rechts an die Hose gesteckt und festgenäht. Ich steppe ihn noch knappkantig ab.

12. Nun wird das Gummiband eingezogen, auf die richtige Weite gekürzt und vernäht. Die Öffnung kann mit ein paar Stichen verschlossen werden (oder einfach offen bleiben). Die optionale Kordel ziehe ich nach dem Gummiband auch noch ein.

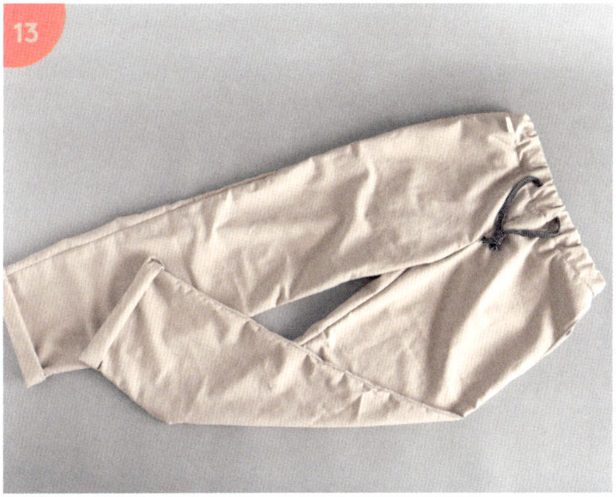

13. Als Letztes wird der Beinabschluss noch mehrfach umgeschlagen und gegebenenfalls seitlich mit ein, zwei Stichen fixiert. Wer es klassischer möchte, schlägt den Saum um die gewünschte Länge nach innen und näht ihn fest.

DAMENHOSE HEDI

SCHWIERIGKEITSGRAD:

⊗ ⊗ Nimm dir ein bisschen Zeit und dazu einen guten Tee!

Musselinhose mit Paperbag-Bund und Bindeband

Diese schicke Hose passt toll zu schmalen Shirts – so kommt der Paperbag-Bund am besten zur Geltung.

STOFFAUSWAHL:

Leinen oder Musselin, leichte Einlage für den Bund

Stoffverbrauch:

180 cm (bei einer Breite von 140 cm)

DAS BRAUCHST DU:

- 2x Vorderhose gegengleich (auf Schnittmusterbogen zweigeteilt)
- 2x Hinterhose gegengleich (auf Schnittmusterbogen zweigeteilt)
- 1x Bund im Bruch
- 2x Vorderer Taschenbeutel gegengleich
- 2x Hinterer Taschenbeutel gegengleich
- 1x Bindegürtel im Bruch
- 1x Gürtelschlaufen
- Gummiband in Taillenweite (2,5 cm breit)

Du findest alle Schnittteile auf Schnittmusterbogen 5 sowie eine Übersicht auf Seite 124.

ZUSCHNITT:

Gib eine Nahtzugabe von 1 cm sowie eine Saumzugabe am Bein von 1,5 cm zum Schnitt hinzu.

TIPP:

Wer nicht auf den Paperbag-Look steht, schneidet den Bund nur in halber Höhe zu und folgt der Anleitung der Kinderhose (siehe Seite 60). Die Hose ist mit einfachem Bund schnell genäht und ein tolles Einsteigerprojekt.

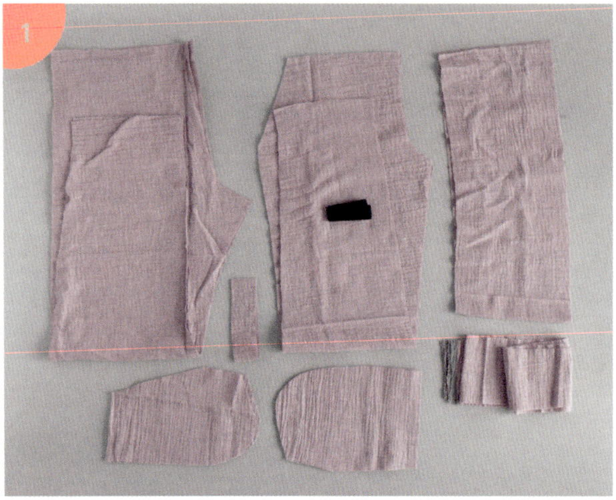

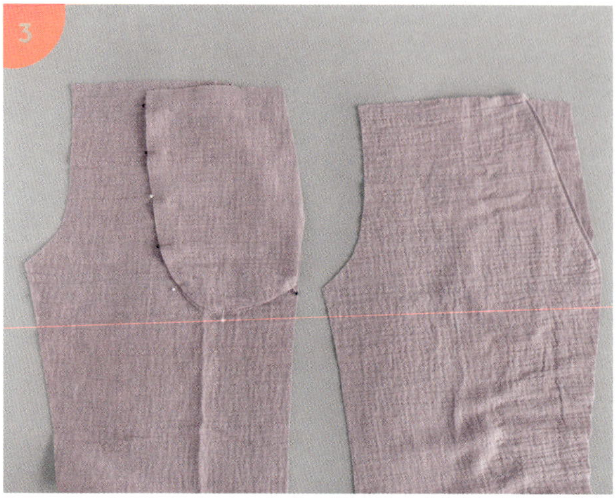

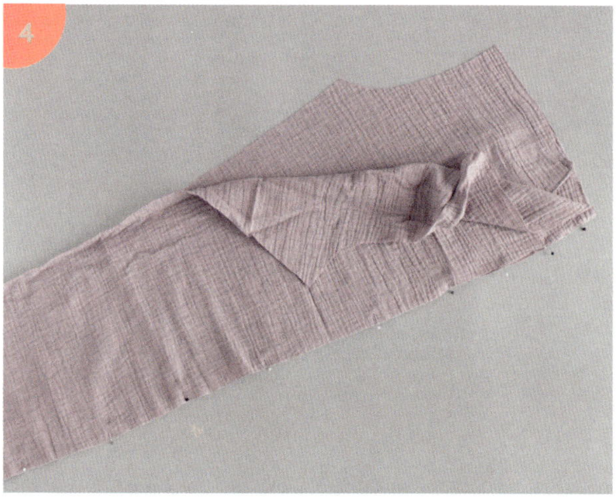

1. Bei fransigem Stoff werden alle Schnittteile versäubert und der Bund gegebenenfalls mit Einlage bebügelt.
2. Lege den vorderen Taschenbeutel rechts auf rechts auf das Vorderhosenteil und nähe ihn an der Eingriffkante fest. Danach wird der Taschenbeutel einmal umgeschlagen und von rechts abgesteppt wie rechts im Bild zu sehen ist.
3. Der hintere Taschenbeutel wird nun rechts auf rechts auf den vorderen gesteckt. Stecke und nähe dabei nur den Beutel, nicht aber das Hosenbein aufeinander.
4. Nähe jeweils ein Vorder- und ein Hinterhosenteil an der Seitennaht rechts auf rechts zusammen.
5. Die innere Naht der Hosenbeine wird ebenso geschlossen.

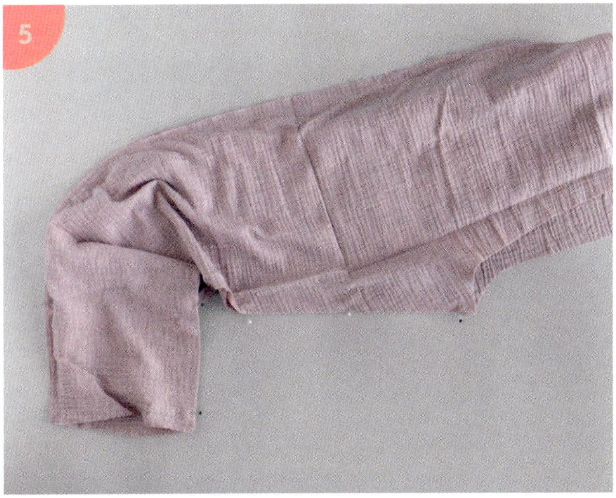

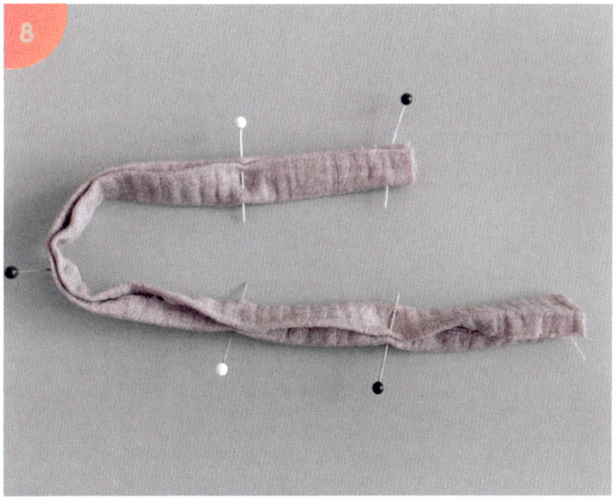

6. Wende ein Hosenbein auf rechts und stecke dieses in das andere. Die Hosenbeine liegen ineinander rechts auf rechts. Nun kann die Naht im Schritt geschlossen werden.

7. Schließe den Bund zum Ring. Lass dabei eine kleine Öffnung im unteren Viertel für das Gummiband. Achtung: So wie ich den Bund verstärkt habe, ist jeweils ein Teil des festen Bundes und ein Teil des Paperbag-Bundes verstärkt. Dieser hat so ebenfalls etwas mehr Stand. Wer das nicht möchte, verstärkt nur die seitlichen Bereiche des Bundes, nicht aber den Mittelteil.

8. Bevor der Bund an die Hose kommt, kümmern wir uns noch um die Gürtelschlaufen. Wie viele du annähen möchtest, kannst du selbst entscheiden. Ich empfehle 5 Stück, von denen eine in der hinteren Mitte sitzt und die vier anderen sich seitlich verteilen. Die Schlaufen werden in einem zugeschnitten, genäht und dann auseinandergeschnitten. Dazu wird der Stoffstreifen der Länge nach mittig gefaltet und gebügelt. Nun wird auf beiden Seiten noch mal zur Mitte eingeschlagen und abgesteppt.

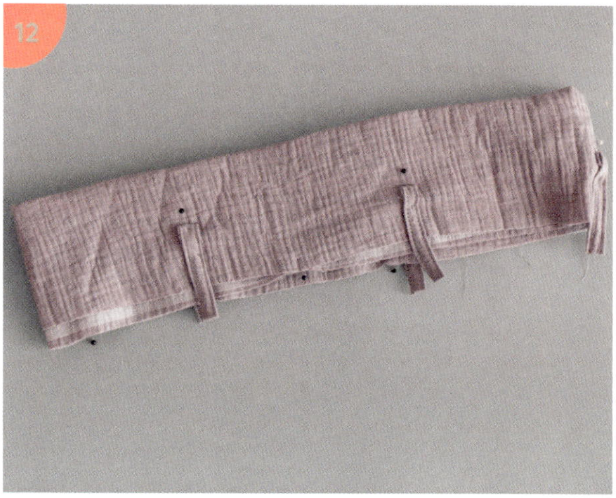

9. Die kleine Gürtelschlaufenschlange kann nun in einzelne Teile geschnitten werden. Macht das wirklich erst kurz vor dem Festnähen, denn die Nähte sind dann natürlich nicht mehr gesichert und lösen sich entsprechend schnell. Ich ziehe das Nähen des Gürtels vor, denn eventuell möchte ich die Länge der Schlaufen noch mal anpassen, nachdem ich ihn fertiggestellt habe.

10. Der Stoffstreifen für den Gürtel wird rechts auf rechts an allen Seiten zugenäht. In der Mitte bleibt dabei eine Wendeöffnung von ca. 15 cm. Ich habe die kurzen Kanten in einem Bogen genäht, man kann aber auch wie beim Damenkleid Clara auf Seite 105 die Kanten ausnähen. Die Nahtzugabe wird überall, außer an der Wendeöffnung zurückgeschnitten.

11. Nach dem Wenden rundherum knappkantig absteppen und so die Wendeöffnung schließen.

12. Nun den Bund links auf links entlang der Faltkante falten. Wenn die Gürtelschlaufen auch wirklich zum Gürtel passen, dann können diese auseinandergeschnitten werden. Ich stecke sie, wie in Schritt 8 beschrieben, an den Bund. Dabei orien-

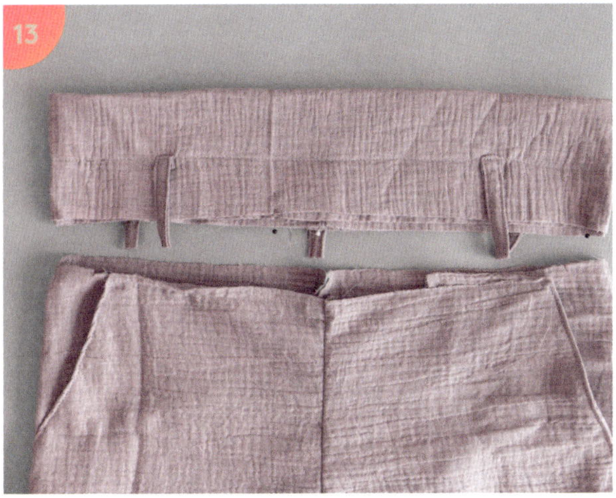

tiere ich mich an der Mitte (halbe Strecke bis zur Faltkante) und stecke sie dort fest.

13. Dann einmal den kompletten Ring nähen und dabei die Schlaufen mit feststeppen. So ergibt sich dann die Oberkante des festen Bundes und die Unterkante des Paperbag-Bundes. Wer mag, steppt die Gürtelschlaufen am losen Ende innerhalb der Nahtzugabe fest.

14. Nun wird der komplette Bund, wie gewohnt, rechts auf rechts an die Hose gesteckt. Beachte, dass die Gürtelschlafen dabei mitgefasst werden.

15. Nach dem Festnähen kann der Bund noch mal an der unteren Kante abgesteppt werden. In jedem Fall muss nun das fehlende Gummiband eingezogen und die kleine Öffnung geschlossen werden.

16. Zum Schluss noch den Gürtel einziehen und die Beinabschlüsse säumen. Wer mag, kann als Variante hier auch ein Gummiband einziehen und hat so einen gekräuselten Beinabschluss.

KINDERKLEID THEA

SCHWIERIGKEITSGRAD:

⊗ ⊗ ⊗ Mit etwas Muße wirst du mit Wunderbarem belohnt!

Webwarekleid mit Knopfleiste und weitem Rockteil

Kleid Thea ist mit seinem gerafften Rockteil ein schöner und vor allem luftiger Begleiter für den Sommer.

STOFFAUSWAHL:

Popeline, dünne Baumwollwebware, Chambray, Leinen und Musselin

Stoffverbrauch:

100 cm (bei einer Breite von 140 cm)

DAS BRAUCHST DU:

- 2 x Vorderteil gegengleich
- 1 x Rückteil im Bruch
- 2 x Rock im Bruch
- 2 x Vorderer Halsbeleg gegengleich
- 1 x Hinterer Halsbeleg im Bruch
- 2 x Ärmel gegengleich
- 1 x Tasche
- Bügeleinlage für die Knopfleiste und den Beleg
- mind. 3 Knöpfe oder Druckknöpfe

Du findest alle Schnittteile auf Schnittmusterbogen 4 sowie eine Übersicht auf Seite 123.

ZUSCHNITT:

Gib eine Nahtzugabe von 1 cm sowie eine Saumzugabe von 1,5 cm zum Schnitt hinzu.

TIPPS:

- *Die beiden Rockteile können natürlich auch als ein Teil zugeschnitten werden. So eignet sich der Schnitt auch perfekt für Stoff-Panele mit größeren Designs. Die Naht muss nicht seitlich sein, sondern kann in diesem Fall in die hintere Mitte wandern.*
- *Ohne Rockteil und um einige Zentimeter verlängert, wird Thea zur hübschen Bluse!*

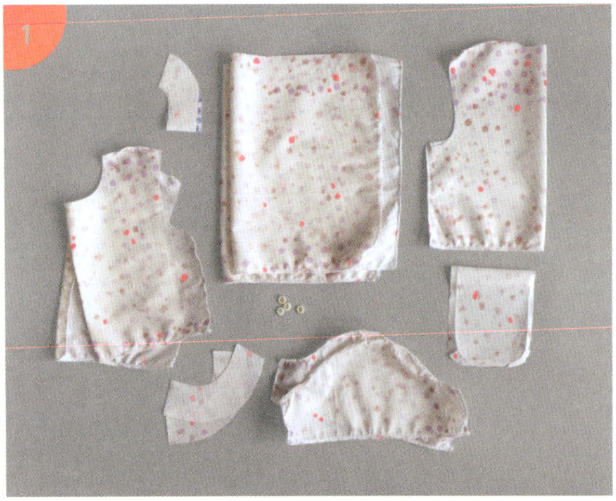

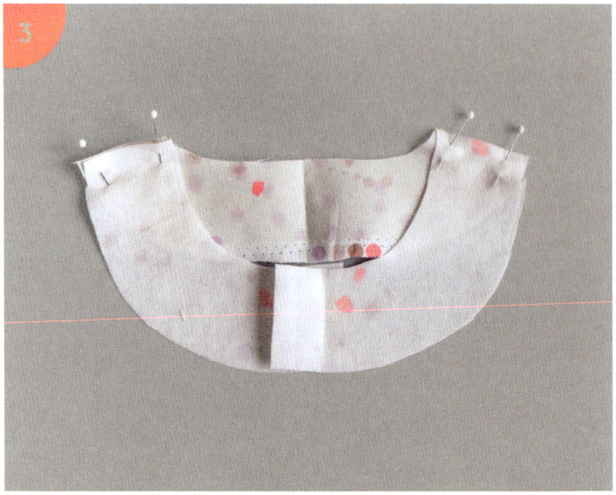

1. Versäubere die Schnittteile mit einer Versäuberungsnaht deiner Nähmaschine oder der Overlock und bügle dünne Einlage auf die Knopfleiste und die drei Belegteile.
2. Lege die beiden Vorderteile und das Rückteil rechts auf rechts und schließe die Schulternähte.
3. Nähe die beiden vorderen Halsbelege (Ausschnitt) rechts auf rechts an den hinteren Halsbeleg.
4. Bügle die Nahtzugabe der Schulternähte des Oberteils und des Belegs auseinander und stecke den Ausschnittbeleg rechts auf rechts an das Oberteil ...

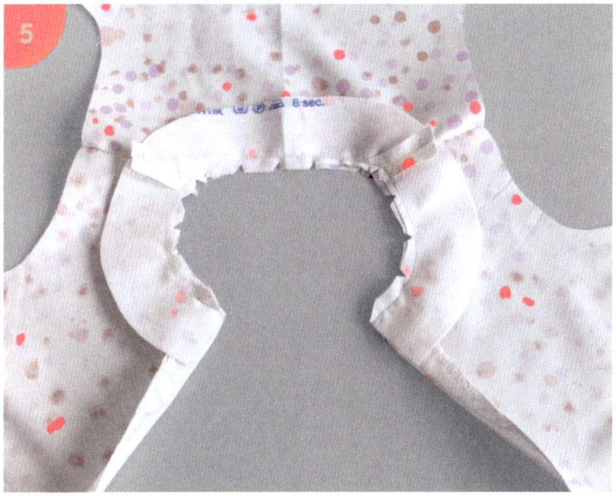

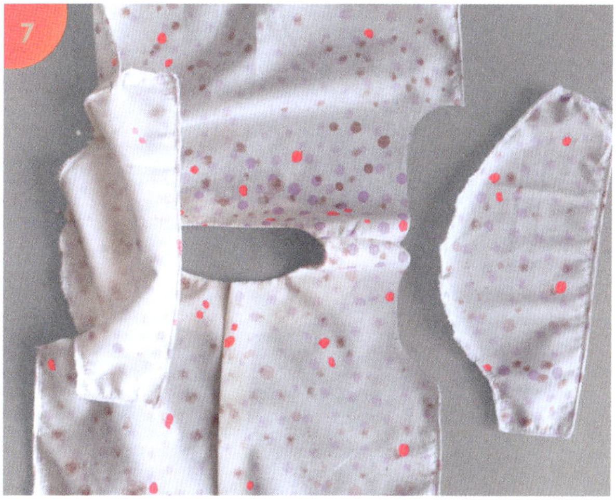

5. … die Knopfleiste liegt dabei unter dem Beleg. Nach dem Nähen werden die Ecken ab- und die Rundungen eingeschnitten, damit der Beleg gewendet auch schön glatt liegt.

6. Wende den Beleg und bügle das Oberteil in Form. Ich stecke die Knopfleiste so zusammen, dass die Markierungen für die Knöpfe aufeinander liegen. Wer mag, kann auch innerhalb der Nahtzugabe fixieren. So können die Vorderteile bei den weiteren Nähschritten nicht verrutschen.

7. Stecke und nähe die beiden Ärmel rechts auf rechts in den Armausschnitt.

8. Schließe die Seitennähte des Oberteils rechts auf rechts.

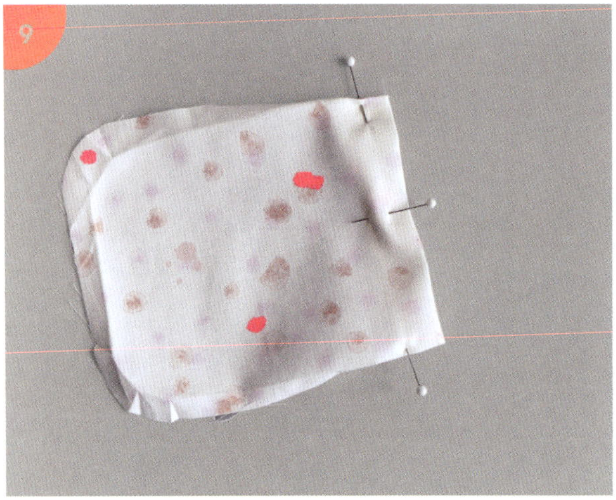

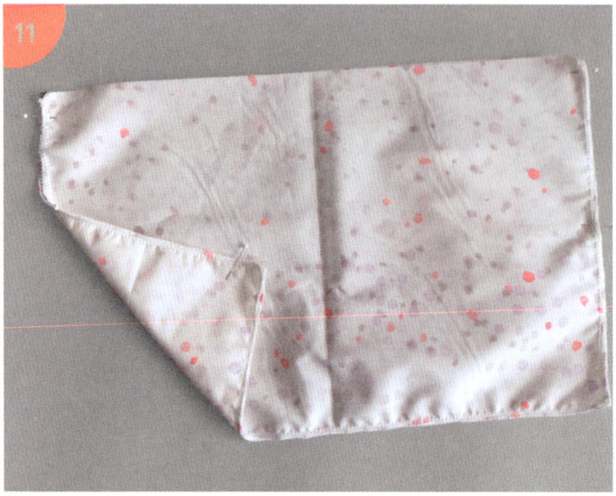

9. Die aufgenähte Tasche habe ich mithilfe einer Schablone in die spätere Form gebügelt. Schlage den oberen Rand der Tasche zweimal um und nähe diesen fest. Ich klappe dabei die Seitenteile auch nach innen.

10. Stecke die Tasche dann in ihrer gebügelten Form links auf rechts auf das Rockteil und steppe sie knappkantig fest. Da die Tasche ein Dekorationselement ist, reicht mir eine einzelne und ihre Position kann nach eigener Vorliebe bzw. Vorliebe des Kindes gewählt werden.

11. Nähe nun die beiden Rockteile rechts auf rechts an den Seitennähten zusammen.

12. Kräusle das komplette Unterteil gleichmäßig auf die Breite des Oberteils. Ich kräusele hier mit Framilonband, natürlich geht auch jede andere Art des Kräuselns. Sie dir hierzu gern Seite 22 an.

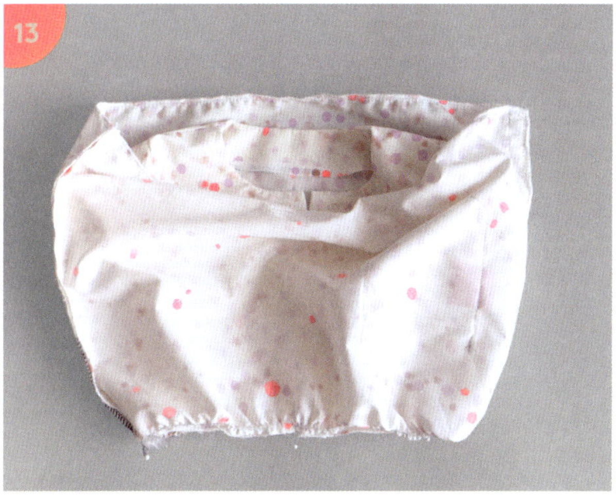

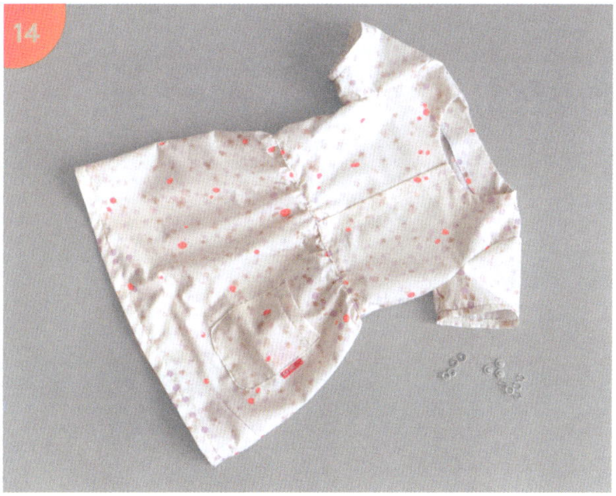

13. Nähe Oberteil und Unterteil rechts auf rechts aneinander. Beachte, dass sich die Seitennähte von Ober- und Unterteil treffen und die aufgesetzte Tasche auf der Vorderseite erscheint.

14. Wir sind auf der Zielgeraden: Alle Säume umbügeln und festnähen. Ich steppe auch noch mal knappkantig oberhalb der Naht des Rockteils und die Knopfleiste ab. Je nach Stoffart sieht es hübsch aus, wenn auch noch der Ausschnitt abgesteppt wird. Wenn du darauf verzichtest, sollte der Beleg noch mit ein paar Stichen an der Schulternaht befestigt werden.

15. Nun muss noch eine Knopfentscheidung her! Ich habe mich spontan für Druckknöpfe entschieden. Den obersten habe ich dann direkt falsch angebracht und musste ihn noch mal aus dem Stoff fummeln – es ging also wahrscheinlich nicht schneller, als hätte ich Knopflöcher genäht!

RÜSCHENSHORTS BELLA

SCHWIERIGKEITSGRAD:
⊗ ⊗ Nimm dir ein bisschen Zeit und dazu einen guten Tee!

Shorts mit Rüschensaum

Die niedliche Hose Bella kommt mit gerüschtem Beinsaum und praktischen Taschen daher.

STOFFAUSWAHL:

Alle Materialien von Musselin über Jersey bis hin zu Sweat
Bei Jersey und dünner Baumwollwebware leichte Einlage für den Bund

Stoffverbrauch:
60 cm (bei einer Breite von 140 cm)

DAS BRAUCHST DU:

- 2x Vorderhose gegengleich
- 2x Hinterhose gegengleich
- 1x Bund im Bruch
- 2x Vorderer Taschenbeutel gegengleich
- 2x Hinterer Taschenbeutel gegengleich
- 2x Rüsche im Bruch
- Gummiband in Taillenweite (2,5 cm breit)

Du findest alle Schnittteile auf Schnittmusterbogen 3 sowie eine Übersicht auf Seite 123.

ZUSCHNITT:

Gib eine Nahtzugabe von 0,7 cm zum Schnitt hinzu. Eine Saumzugabe wird nicht benötigt.

TIPP:

Die Rüsche kann sowohl länger (mehr Rüschen) als auch breiter (höhere Rüschen) gemacht werden. Je dicker das Material, desto breiter sollte die Rüsche sein, damit sie schön fällt.

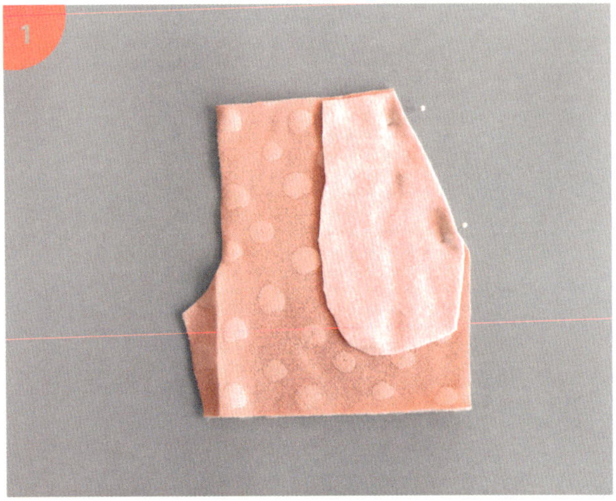

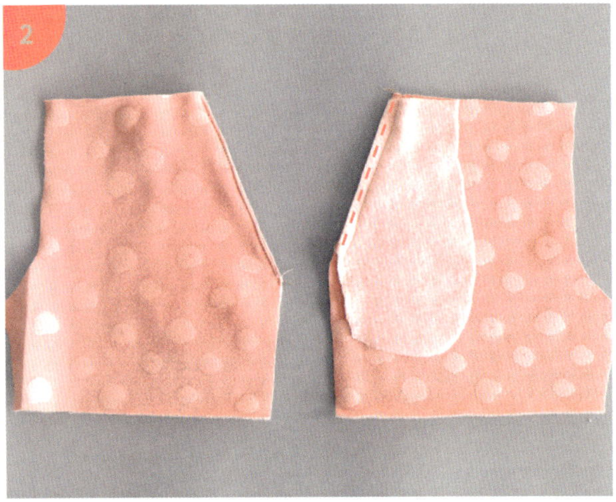

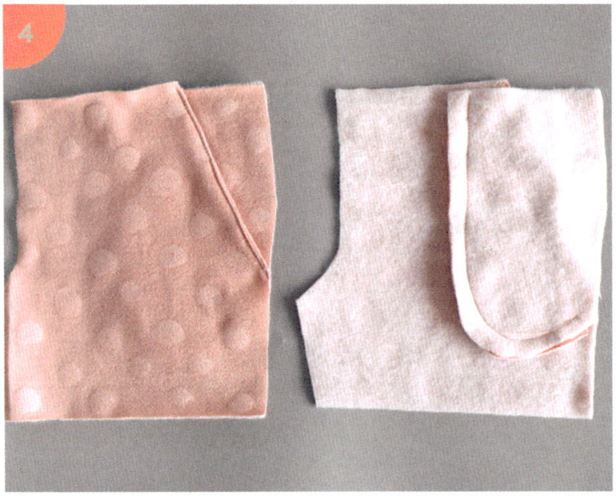

1. Lege den vorderen Taschenbeutel rechts auf rechts auf das Vorderhosenteil und nähe ihn an der Eingriffkante fest.
2. Danach wird der Taschenbeutel einmal umgeschlagen und von rechts abgesteppt, wie rechts im Bild zu sehen ist.
3. Den hinteren Taschenbeutel rechts auf rechts auf den vorderen stecken. Dabei stecke ich nur die beiden Beutel aufeinander, nicht die Vorderhose.
4. Genäht wird nur die Rundung der Taschenbeutel.

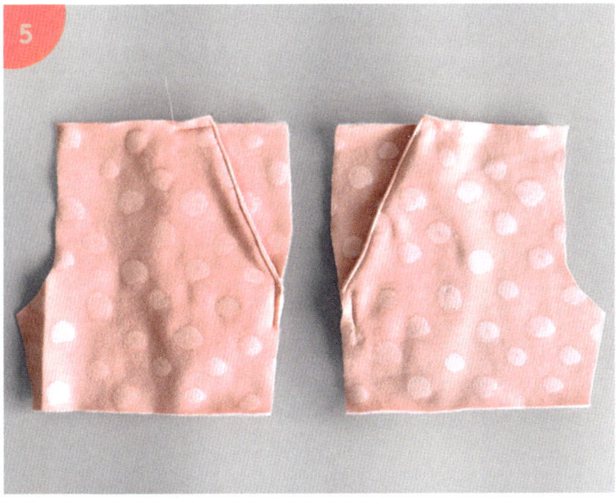

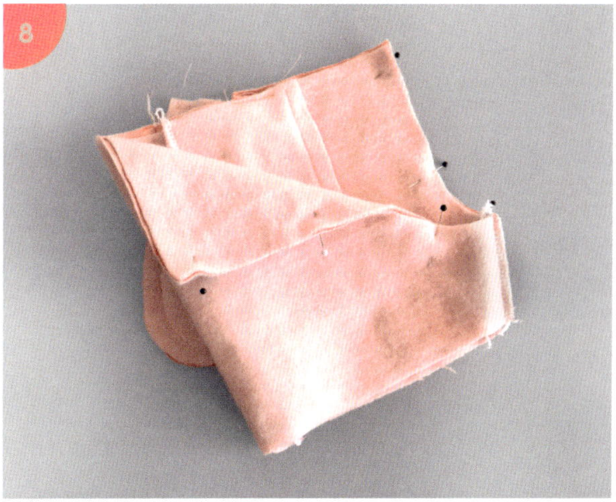

5. Seitlich und am Bund wird der Taschenbeutel innerhalb der Nahtzugabe an der Vorderhose festgenäht. Wer routiniert ist, darf diesen Schritt auch überspringen und muss später beim Annähen des Bundes dafür etwas besser aufpassen.

6. Nähe nun jeweils ein Vorderhosenteil und ein Hinterhosenteil an der Seitennaht rechts auf rechts zusammen.

7. Die innere Naht der Hosenbeine wird ebenso geschlossen.

8. Wende ein Hosenbein auf rechts und stecke dieses in das andere. Die Hosenbeine liegen rechts auf rechts ineinander. Jetzt wird die Naht im Schritt geschlossen.

9

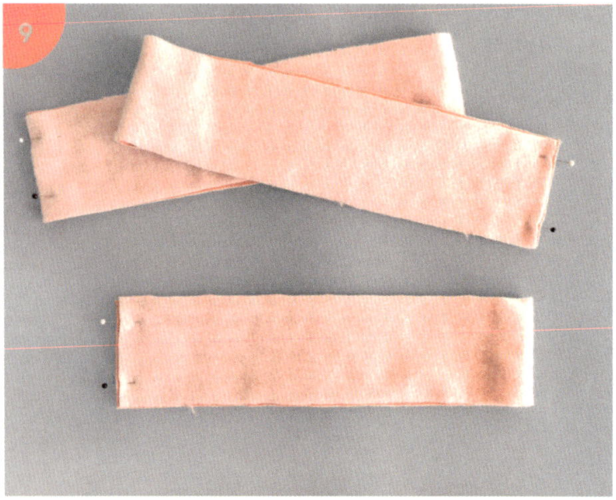

11

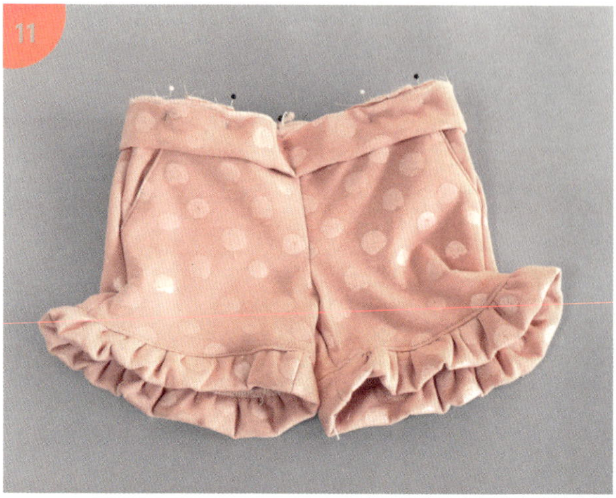

10

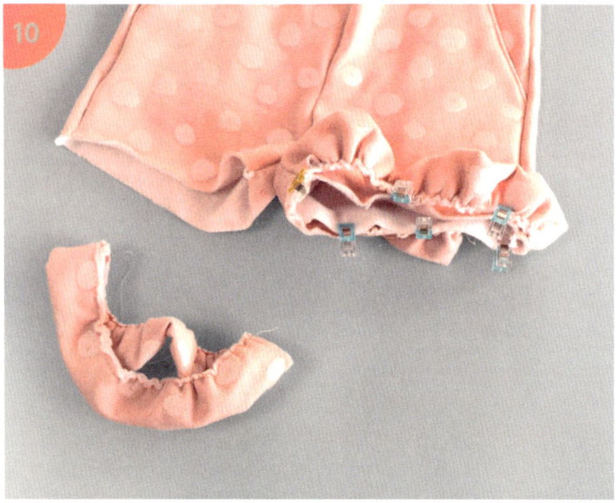

12

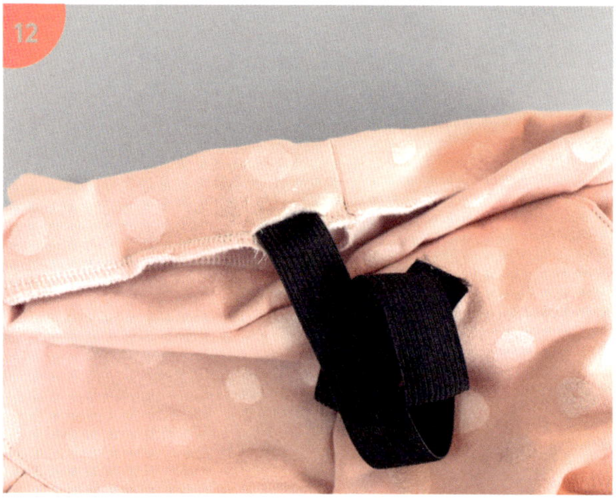

9. Nun den Bund links auf links entlang der Faltkante zum Ring falten und schließen. Und wo wir schon dabei sind, machen wir das auch gleich mit den beiden Rüschen.

10. Die Rüschen werden mit der Nähmaschine auf die Weite des Beines gekräuselt und rechts auf rechts angenäht. Eigentlich wie ein Bündchen ohne Dehnung. Ich steppe sie nach dem Annähen auch gleich von rechts knappkantig ab, so liegen sie etwas flacher.

11. Der Hosenbund wird nun rechts auf rechts an die Hose gesteckt. Ich nähe ihn komplett an, klappe aber an einer Stelle beim Annähen die innenliegende Seite etwas hoch. Hier wird also nur eine Stofflage des Bundes angenäht ...

12. ... damit ich dann ein Gummiband einziehen und schließen kann.

13. Zum Schluss steppe ich auch den Bund knappkantig ab. So verschwindet die Öffnung zum Einziehen des Gummibandes.

KINDERSHORTS BO

SCHWIERIGKEITSGRAD:

- Schaffst du locker!

Shorts mit aufgesetzter Tasche

Bo kann ganz schlicht genäht oder aber zur Spielwiese werden: Reste von Lieblingsstoffen, Garne und besondere Knöpfe lassen sich mit den Taschen einfach in Szene setzen.

STOFFAUSWAHL:

Alle Materialien von Baumwollwebware bis Jersey

Bei Jersey und dünner Baumwollwebware leichte Einlage für den Bund

Stoffverbrauch:

50 cm (bei einer Breite von 140 cm)

DAS BRAUCHST DU:

- 2 x Hose gegengleich
- 1 x Bund im Bruch
- 4 x Tasche, je 2 x gegengleich
- Gummiband in Taillenweite (2,5 cm breit)

Du findest alle Schnittteile auf Schnittmusterbogen 2 sowie eine Übersicht auf Seite 122.

ZUSCHNITT:

Gib eine Nahtzugabe von 0,7–1 cm und eine Saumzugabe von 1,5 cm zum Schnitt hinzu.

TIPP:

Die Taschen eignen sich für Spielereien aller Art: Etiketten, Aufnäher oder auch Stickereien sind hier gut aufgehoben. Du wolltest schon immer mal alle fancy Zierstiche deiner Nähmaschine testen? Go for it! Kleine Textilkünstler können hier auch gerne zum Stoffmalstift greifen und ihre individuelle Tasche designen.

1. Bei Webware sollten alle Schnittteile versäubert werden, bei Jersey und Sweat kannst du darauf verzichten.

2. Jeweils zwei Taschen werden rechts auf rechts aufeinandergenäht. Ich habe links auf rechts genäht, da ich die linke Stoffseite sichtbar haben möchte. In jedem Fall muss aber eine Wendeöffnung bedacht werden. Wer Stoff mit einer Motivrichtung verwendet, sollte die Wendeöffnung am besten am späteren Boden der Tasche platzieren. Nach dem Nähen werden die Ecken gekürzt.

3. Einmal wenden, bitte! Die Wendeöffnung bleibt offen, die verschließen wir gleich beim Aufnähen. Achte deshalb beim Umklappen des Eingriffs darauf, dass die Wendeöffnung nicht auf dieser Seite ist. Ich bügle die Tasche gut und fixiere die Klappe mit ein paar Stichen.

4. Die Taschen werden im Bereich der Vorderhosen auf die Hosenteile gesteckt. Die Spitze der Klappe zeigt dabei in Richtung Schritt.

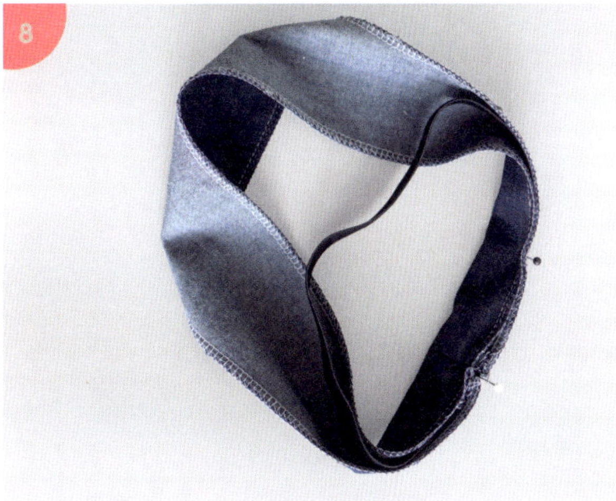

5. Jeweils die Innennaht der Hosenbeine rechts auf rechts schließen.

6. Wende ein Bein auf rechts und stecke dieses in das andere. Die Hosenbeine liegen also rechts auf rechts ineinander. Nun die Naht im Schritt schließen.

7. Den Bund schließen und links auf links im Umbruch falten. Siehe dazu die eingezeichnete Faltkante.

8. Das Gummiband auf die benötigte Länge kürzen und ebenfalls zum Ring schließen. Dann wird es in den Bund gesteckt.

9. Damit das Gummiband beim Annähen nicht herausrutscht, steppe ich die offene Kante einfach zu. Wer mag, darf natürlich auch den Bund (unter maximaler Dehnung) mehrfach absteppen und so das Gummiband fixieren.

10. Den Hosenbund rechts auf rechts an die Hose stecken und festnähen.

11. Wer die Taschenklappen noch nicht festgenäht hat, darf das nach dem Säumen machen und sie noch mit je einem Knopf verzieren. Oder diesen – wie es mir passiert ist – doch noch vergessen.

HERRENHEMD LASSE

SCHWIERIGKEITSGRAD:

⊛ ⊛ ⊛ Mit etwas Muße wirst du mit Wunderbarem belohnt!

Lässiges Leinenhemd mit Passe und Bewegungsfalte

Das locker sitzende Hemd mit den aufgeschlagenen Ärmeln ruft einfach nach Sommer, Sonne und Strand.

STOFFAUSWAHL:

Webware wie Leinen, Musselin oder Seersucker plus passende Einlage für die Kragenteile

Stoffverbrauch:

130 cm (bei einer Breite von 140 cm)

DAS BRAUCHST DU:

- 2 x Vorderteil gegengleich
- 1 x Rückteil im Bruch
- 2 x Passe im Bruch
- 1 x Oberkragen im Bruch
- 1 x Unterkragen im Bruch
- 2 x Ärmel im Bruch
- 6–7 Knöpfe

Du findest alle Schnittteile auf Schnittmusterbogen 5 sowie eine Übersicht auf Seite 124.

ZUSCHNITT:

Gib rundherum eine Nahtzugabe von 1 cm und eine Saumzugabe von 1,5 cm zum Schnitt hinzu.

TIPPS:

- *Für die Sonnenbrille oder für etwas Abwechslung: einfach eine Brusttasche aufs Hemd nähen. Wer nicht komplett selbst entwerfen möchte, orientiert sich an der Taschenform gekaufter Hemden.*
- *Wenn es schnell gehen muss oder die Angst vor aufwendigen Projekten mit vor der Nähmaschine sitzt, kann man auch nur eine Passe zuschneiden und „ganz normal“ mit innen sichtbaren Nähten nähen.*

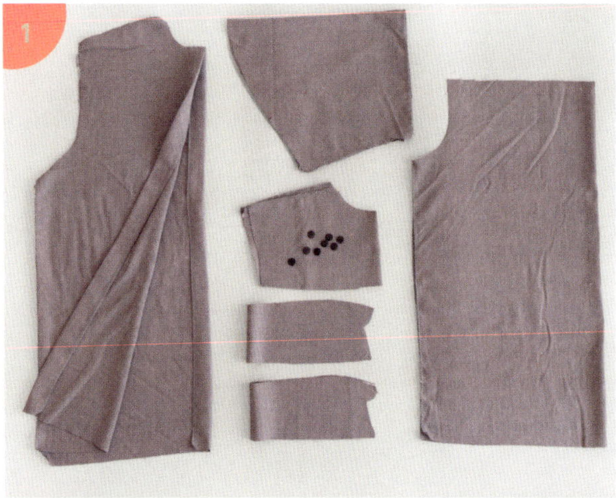

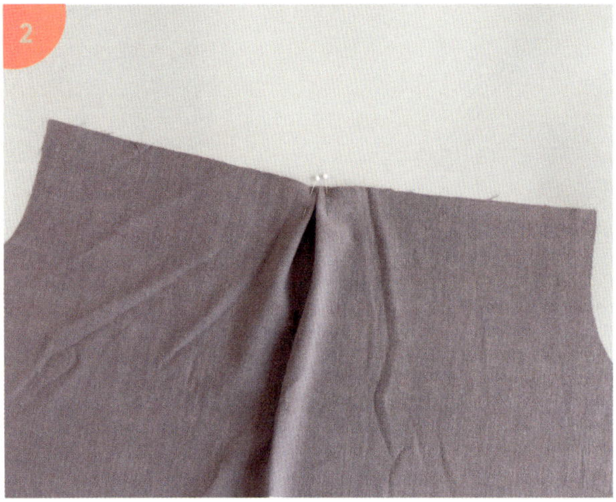

1. Zuerst alle Schnittteile versäubern. Bei den innenliegenden Teilen, wie der Passe, ist das nicht zwingend nötig, kann aber hilfreich sein, wenn der Stoff leicht Fäden zieht. Die Knopfleiste ist zur besseren Orientierung schon umgebügelt und außerdem genau wie die beiden Kragenteile mit Einlage verstärkt.

2. Die seitlichen Knipse für die Falte am Rückteil werden zum Knips nach innen gelegt und innerhalb der Nahtzugabe festgesteppt.

3. Nun kommen die beiden Passen ins Spiel. Die eine liegt rechts auf rechts auf dem Rückteil und die andere rechts auf links unter dem Rückteil. Alle drei Stofflagen werden zusammengenäht.

4. Die beiden Passen werden nun hochgeklappt, gebügelt und knappkantig abgesteppt. Das Oberteil sieht nun bei mir, von der Falte mal abgesehen, von links und rechts gleich aus. Wer Stoff mit deutlich sichtbarer Rückseite vernäht, hat eine komplett rechte Vorderseite und eine Rückseite, die oben die rechte und unten die linke Stoffseite zeigt.

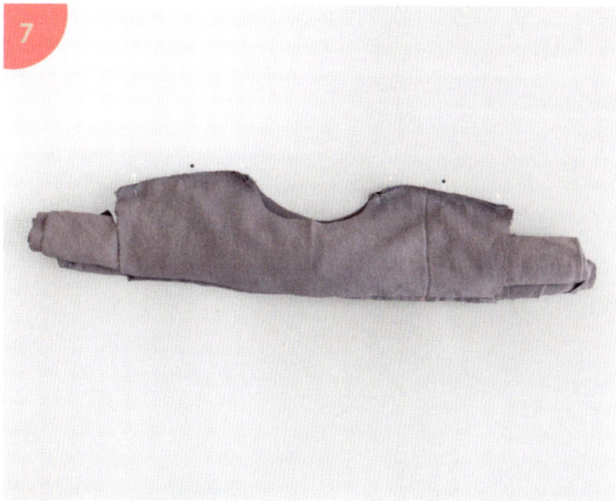

5. Jetzt wird es ganz kurz etwas kompliziert. Aber keine Angst, wenn es schiefgehen sollte, kann man das gut wieder auftrennen. Die beiden Vorderteile werden rechts auf rechts an das Rückteil gesteckt. Stecke dabei nur die äußere Passe, die innere ist nach unten geklappt.

6. Damit wir an die untere Passe herankommen, rollen wir die Vorderteile und das Rückteil zu einer bzw. zwei dünnen Rollen auf. Jetzt wird auch klar, warum diese Nähweise als „Burrito-Methode" bekannt ist.

7. Nun wird die untere Passe über die Rollen gelegt und so rechts auf rechts an die obere gesteckt und genäht.

8. So sollte dein Nähstück jetzt aussehen.

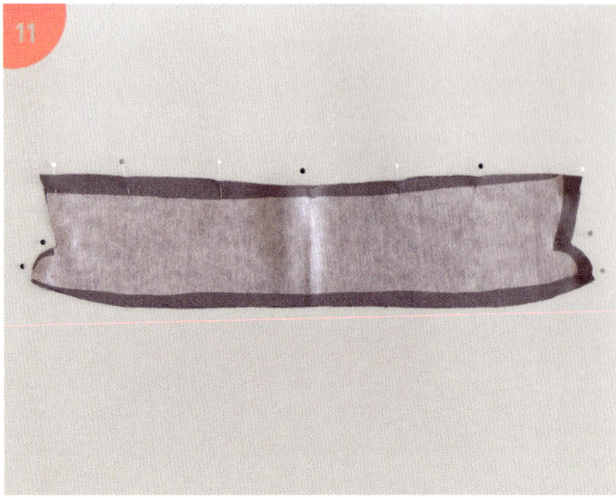

9. Zur Entspannung wird es wieder ganz einfach: Stecke und nähe die Ärmel rechts auf rechts in den jeweiligen Armausschnitt.

10. Schließe beide Seitennähte rechts auf rechts.

11. Stecke Ober- und Unterkragen rechts auf rechts aufeinander und schließe die Nähte oben und seitlich.

12. Nahtzugabe zurückschneiden, wenden, sauber ausformen und gegebenenfalls absteppen.

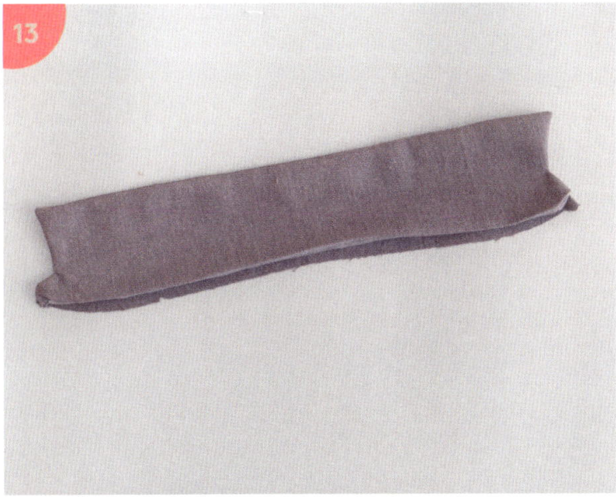

13. Die Nahtzugabe des Oberkragens wird nun nach innen gebügelt.

14. Stecke den Unterkragen rechts auf rechts an das Hemd und nähe ihn fest.

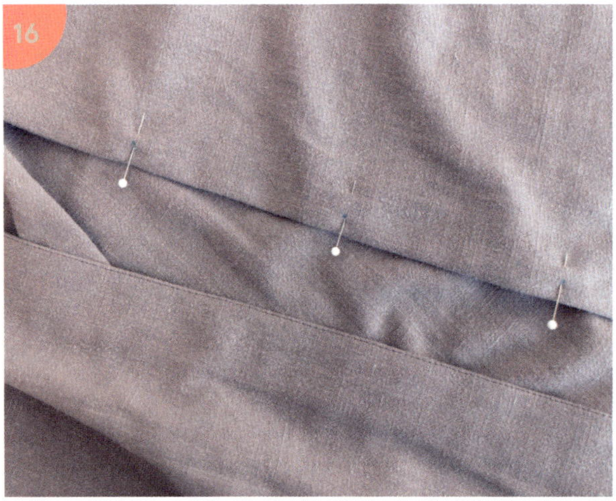

15. Die Nahtzugabe wird nun Richtung Kragen hochgeschlagen und der Oberkragen mit der in Form gebügelten Kante daraufgesteckt und festgesteppt.

16. Ist der Kragen im Hemd, geht es an die Knöpfe. Im Schnittmuster ist der oberste Knopf im „falschen Steg" und der unterste Knopf festgelegt. Dazwischen wird einfach verteilt – abhängig von der Anzahl der Knöpfe und den persönlichen Vorlieben. Klassisch befindet sich bei Herrenhemden die Knopfleiste auf der rechten und die Knöpfe auf der linken Seite.

17. Zum Schluss schlage ich noch die Ärmel doppelt um, fixiere sie im Nahtschatten und säume. Das finale Bügeln verschiebe ich auf „vor dem Tragen" – Leinen knittert schließlich edel.

DAMENKLEID CLARA

SCHWIERIGKEITSGRAD:

Mit etwas Muße wirst du mit Wunderbarem belohnt!

Hemdblusenkleid mit Bindegürtel

Kleid Clara kann beides: chic und casual. Neben der Stoffwahl entscheiden hier definitiv auch die Accessoires über den Stil.

STOFFAUSWAHL:

Popeline, dünne Baumwollwebware, Viskosewebware, Chambray, Leinen und Musselin

Stoffverbrauch:

140 cm (bei einer Breite von 140 cm)

DAS BRAUCHST DU:

- 2 x Vorderteil gegengleich (auf Schnittmusterbogen zweigeteilt)
- 1 x Rückteil im Bruch (auf Schnittmusterbogen zweigeteilt)
- 2 x Vorderteilbeleg gegengleich
- 1 x Rückteilbeleg im Bruch
- 1 x Gürtelschlaufen
- 1 x Bindegürtel
- Bügeleinlage für die Knopfleiste
- Knöpfe oder Druckknöpfe

Du findest alle Schnittteile auf Schnittmusterbogen 5 und 6 sowie eine Übersicht auf Seite 124.

ZUSCHNITT:

Gib eine Nahtzugabe von 1 cm sowie eine Saumzugabe von 1,5 cm zum Schnitt hinzu.
Um die Abnäher zu nähen, müssen alle Markierungen aus dem Schnittmuster genau übertragen werden.

TIPP:

Vergleiche sowohl die Länge des Kleides als auch die Position der Gürtelschlaufen vor dem Zuschnitt mit deinen Maßen. Die Gürtelschlaufen müssen nicht direkt in der Taille sitzen, sondern dürfen auch auf die Hüfte wandern – allerdings nur, wenn das auch gewollt ist!

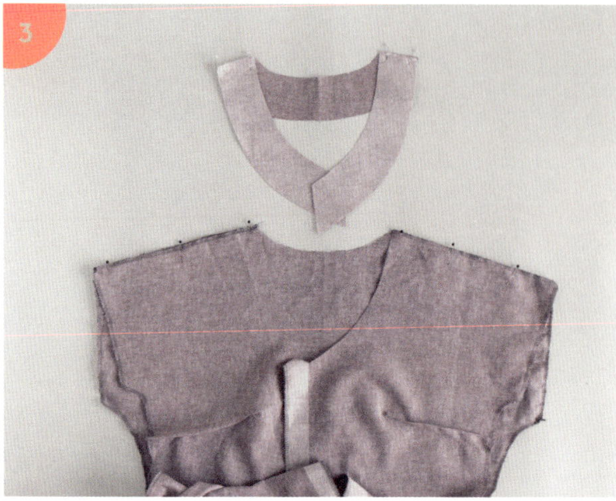

1. Versäubere die Schnittteile und bügle eine zur Stoffwahl passende, dünne Einlage auf die Knopfleiste und die Belegteile.
2. Wir beginnen mit den Vorderteilen. Falte den Stoff gemäß des Abnähers rechts auf rechts und nähe von der Seite beginnend zur Spitze des Abnähers hin. Dort wird nicht verriegelt, sondern der Faden lang gelassen und verknotet. Der vordere Punkt des Abnähers soll so flach wie möglich sein. Der Abnäher wird dann auf der linken Seite nach unten, in Richtung Taille, gelegt und in Form gebügelt.
3. Lege die beiden Vorderteile und das Rückteil rechts auf rechts und schließe die Schulternähte. Nähe die beiden vorderen Belegteile für den Ausschnitt ebenso rechts auf rechts an das hintere Belegteil.
4. Bügle die Nahtzugaben der Schulternähte von Kleid und Beleg auseinander und stecke den Ausschnittbeleg rechts auf rechts an das Kleid. Die Knopfleiste liegt dabei unter dem Beleg.

5. Nach dem Nähen werden die Rundungen eingeschnitten, damit der Beleg sauber gewendet werden kann und glatt liegt.
6. Wende den Beleg und bügle das Oberteil in Form. Steppe den Ausschnitt knappkantig ab. Ich fixiere den Beleg auch noch auf der Schulternaht, indem ich ihn feststeppe.
7. Schließe die Seitennähte des Oberteils rechts auf rechts.
8. Ich bügle den Saum einfach 1,5 cm um und steppe ihn fest. Wer keine sichtbare Versäuberungsnaht möchte, kann natürlich auch erst 0,5 cm umschlagen und dann noch mal 1 cm umbügeln. So verschwindet die Versäuberung im Inneren des Saumes.

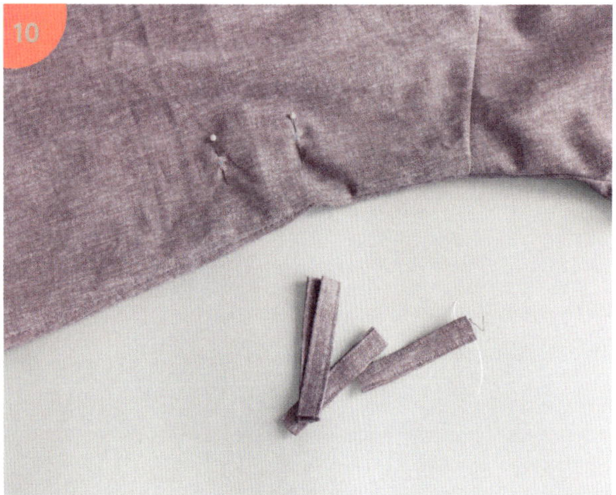

9. Das Schnittteil für die Gürtelschlaufen wird zweimal zur Mitte gebügelt und von beiden Seiten abgesteppt.

10. Dann wird es dieser Streifen in 4–5 einzelne Teile geschnitten.

11. Ich nähe nur 4 Schlaufen an, weil ich in der hinteren Mitte den Gürtel einfach feststeppe. Zum Annähen klappe ich die einzelnen Schlaufenteile um und steppe sie fest.

12. Nun brauchen wir noch den Gürtel für die Schlaufen: Das Schnittteil rechts auf rechts der Länge nach falten und unter Aussparung einer Wendeöffnung zusammennähen. Die Nahtzugabe nach dem Nähen zurückschneiden.

13

15

14

13. Nach dem Wenden die Nahtzugabe durch knappkantiges Absteppen verschließen.

14. Bis auf die Knöpfe und Knopflöcher ist das Kleid fertig. Die Knopflöcher kommen ins linke Vorderteil, die Knöpfe dann ins rechte. Ich beginne immer mit den Knopflöchern und markiere mir durch diese hindurch dann später die Position der Knöpfe.

15. Juhu, fertig! Na gut, eventuell könnte man noch mal abschließend bügeln …

DAMENKLEID LYKKE

SCHWIERIGKEITSGRAD:
⊗ ⊗ Nimm dir ein bisschen Zeit und dazu einen guten Tee!

Weites Kleid mit Puffärmeln und gekräuseltem Rockteil
Lykke sitzt luftig, ist perfekt für sommerliche Temperaturen und lädt zum Experimentieren ein.

STOFFAUSWAHL:
leichte Baumwollwebware, Viskosewebware und Musselin

Stoffverbrauch:
240 cm (bei einer Breite von 140 cm)

DAS BRAUCHST DU:
- 1x Vorderteil im Bruch
- 1x Rückteil im Bruch
- 2x Rock im Bruch
- 1x Vorderteilbeleg im Bruch
- 1x Rückteilbeleg im Bruch
- 2x Ärmel gegengleich
- 2x Armbündchen

Du findest alle Schnittteile auf Schnittmusterbogen 6 sowie eine Übersicht auf Seite 124.

ZUSCHNITT:
Gib eine Nahtzugabe von 1 cm sowie am Rockteil eine Saumzugabe von 1,5 cm zum Schnitt hinzu.

TIPP:
Ich hab mich bei Lykkes Stoff mit verdünnter Siebdruckfarbe ausgetobt: einfach mit einem Pinsel auf den Stoff klecksen und kleckern – ein Spaß für die ganze Familie!

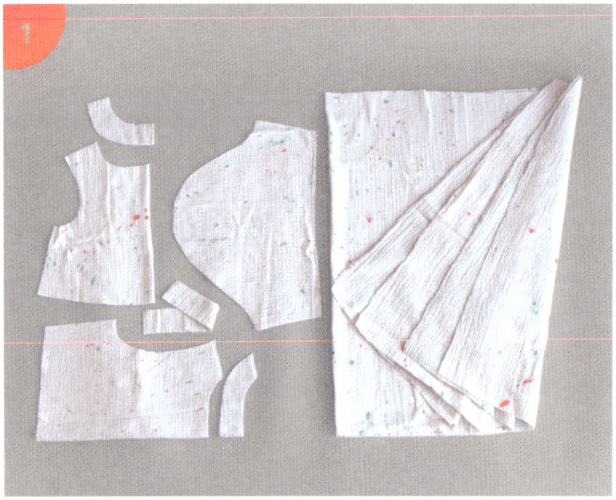

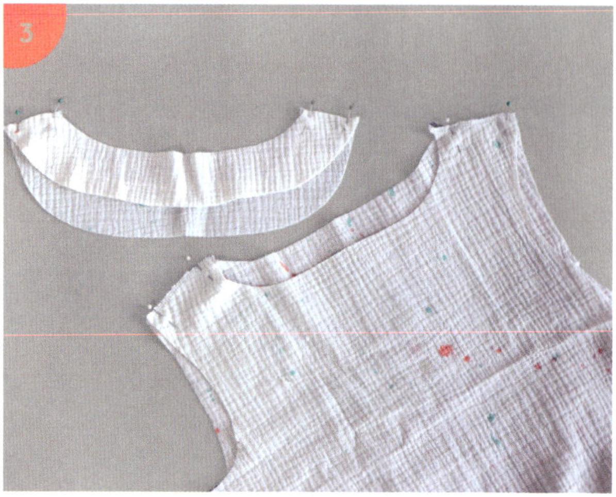

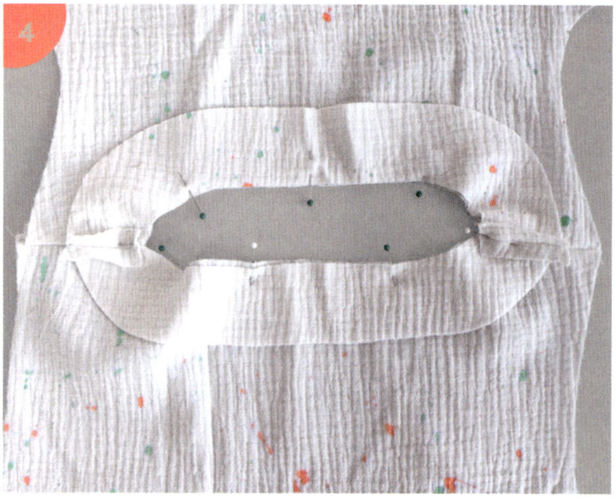

1. Versäubere die Schnittteile mit einem Zickzackstich oder mit der Overlock. Ich mache dies erst im nächsten Schritt, da ich mit der Overlock kräuseln möchte und dann auch gleich säume.

2. Jetzt begebe ich mich auf Neuland: Kräuseln mit der Overlock bei vorgegebener Strecke habe ich noch nie gemacht. Es muss also gut werden! Die Schwierigkeit ist, den Stoff der Rockteile auf die genaue Weite der Oberteile zu bekommen. Lykke eignet sich für dieses Experiment sehr gut, denn bei einem so weiten Rockteil kann man zur Not auch seitlich noch ein paar Zentimeter wegnehmen, wenn man keine Punktlandung erzielt. Die Passform ändert sich dadurch nicht. Beim Kräuseln mit der Overlock verändert man die Fadenspannung der linken Nadel auf die maximale Einstellung, erhöht die Stichlänge und stellt das Differential ebenfalls auf Maximum. Je nach Overlock variieren die Einstellungen natürlich, deswegen muss man ein wenig testen.

3. Alle Teile sind gekräuselt und versäubert, es kann losgehen: Das Vorderteil und das Rückteil werden rechts auf rechts an der Schulternaht geschlossen. Die Schulternähte beider Belegteile werden auf dieselbe Art geschlossen.

4. Bügle oder streiche die Nahtzugaben von Oberteil und Beleg auseinander und stecke den Ausschnittbeleg rechts auf rechts an das Oberteil, um ihn festzunähen.

5. Schneide die Nahtzugabe ein und wende den Beleg.

6. Bügle den Beleg und steppe ihn mit einem längeren Geradstich fest. Ich benutze hierfür normalerweise gern den Schmalkantfuß, bei Musselin bevorzuge ich aber eine Steppnaht, die weiter vom Rand entfernt ist.

7. Nun können die beiden fertig gekräuselten Rockteile rechts auf rechts an das vordere und hintere Oberteil genäht werden.

8. Stecke und nähe die Ärmel rechts auf rechts in den jeweiligen Armausschnitt.

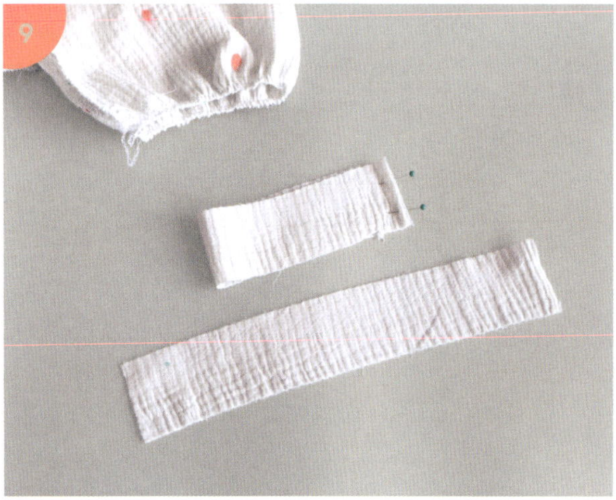

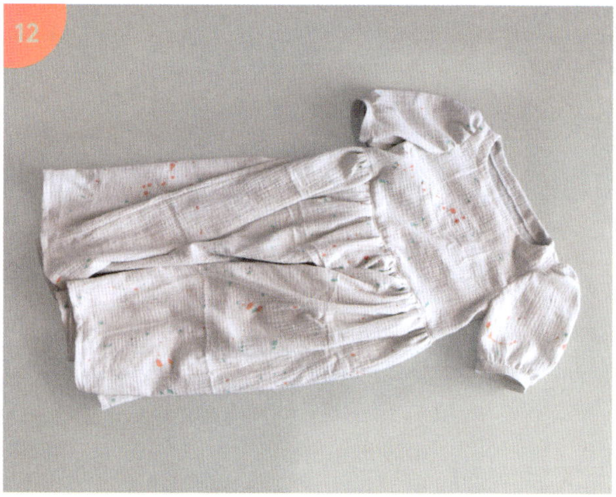

9. Bevor ich die Seitennähte schließe, kräusele ich den Ärmel noch auf die Weite des Bündchens. Wer nicht mit der Overlock, sondern der Nähmaschine kräuselt (siehe Seite 22), kann das natürlich auch später noch machen. Ich finde es am offenen Ärmel aber leichter.

10. Schließe die Seitennähte über die komplette Strecke rechts auf rechts, beginne am Ärmel und ende am Rocksaum.

11. Schließe den Ärmelbund an der kurzen Seite zum Ring. Je nach Stoffart musst du eventuell komplett oder nur eine Hälfte des Stoffes mit Einlage verstärken. Falte den Bund entlang der eingezeichneten Faltkante und nähe ihn rechts auf rechts an den gekräuselten Ärmel.

12. Nun geht es ans Absteppen: Damit das Bündchen schön liegt, steppe ich noch knappkantig von rechts ab. Das Gleiche gilt für das angesetzte Rockteil. Nun noch Säumen und schon ist das Kleid fertig!

ZEIG MIR, WAS DU GENÄHT HAST!

Ich bin absolut gespannt, welche Modelle du aus welchen Stoffen genäht hast, und freue mich auf Inspiration.

Verlinke @aennisews auf Instagram oder benutze die Hashtags

#hejSkandiChic #hejSkandiChicÄnni

TIPP:

Wenn du meine Stoffauswahl gut findest, schau gerne bei meinen Sponsoren Alles für Selbermacher, Buttinette, Snaply und Rico Design vorbei.

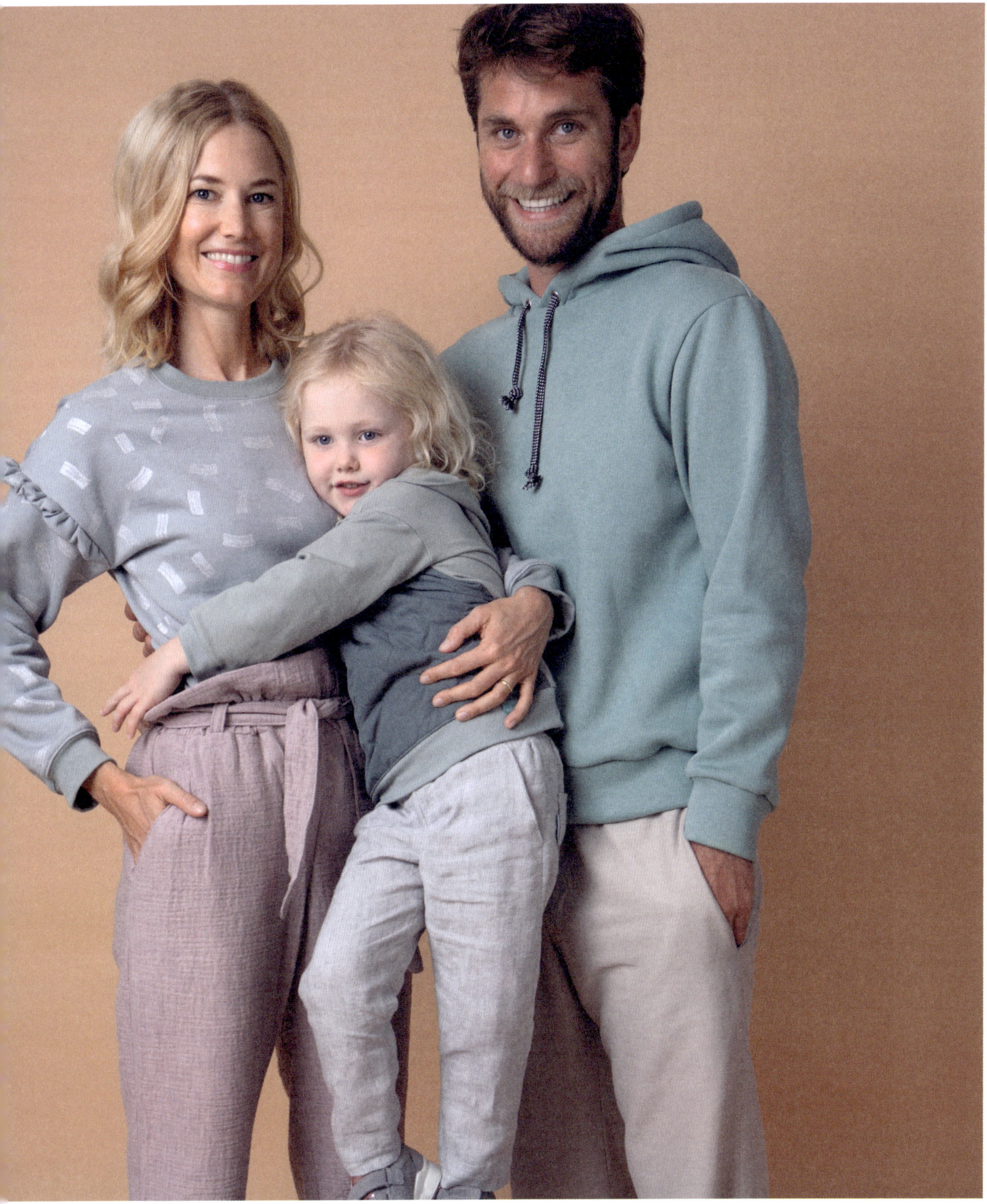

ÜBER DIE AUTORIN

Anja wohnt mit ihrer Familie in Stuttgart, wo sie als selbstständige Grafik-Designerin arbeitet.

Schon in ihrer Kindheit schnitt sie Löcher in ausgemusterte Socken, um ihren Puppen neue Kleider zu verpassen – seit dem Upcycling von damals ist einiges geschehen.

In die erste eigene Wohnung zog leihweise Mutters alte Nähmaschine mit ein und aus „nur mal ein bisschen probieren" wurde sehr schnell ein neues Hobby – die alte Maschine durfte besseren Modellen Platz machen.

Seit 2012 bloggt die Designerin unter aennisews und seit 2016 hat sie Hobby und Beruf miteinander vereint und entwirft Stoffdesigns sowie Zubehör.

HERZLICHEN DANK AN

... meine Familie, die mich auch beim fünften Buch wieder tatkräftig unterstützt hat. Obwohl ich beim vierten behauptet habe, dass es das letzte sei. ;-)

... den ganzen EMF Verlag – vor allem Saskia.

... die großzügigen Sponsoren, dank denen ich mich mit schönsten Materialien eindecken durfte: Alles für Selbermacher, Buttinette, Snaply und Rico Design.

... Frauke, für die Umsetzung meiner Schnittideen.

... meine Montags-Mädels – für einfach alles, von Beratung und Beistand über Korrekturlesen bis hin zum Feiern des fertigen Buches!

SCHNITTMUSTERBOGEN-ÜBERSICHT

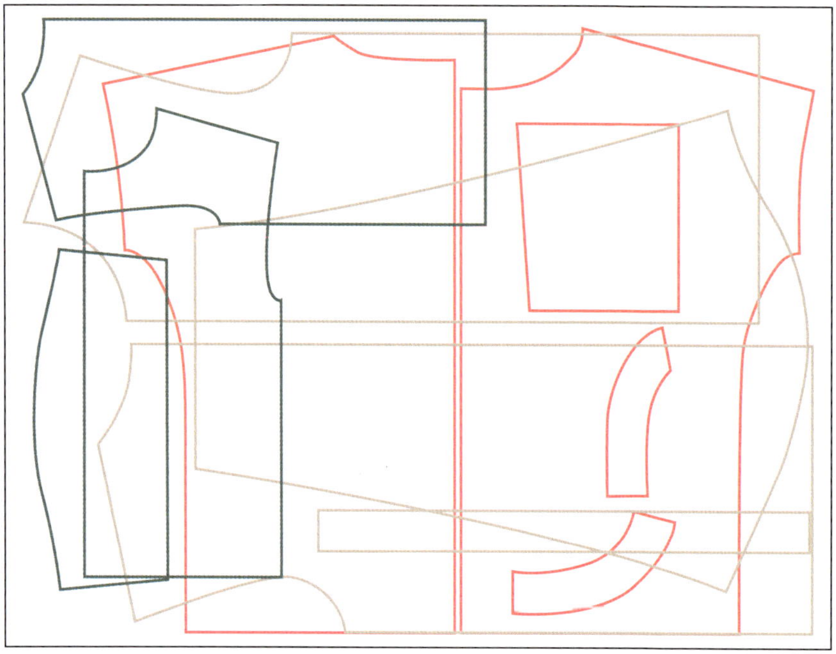

SCHNITTMUSTERBOGEN 1

Damenshirt Bonni

Herrenshirt Bent

Kindershirt Ben/ita

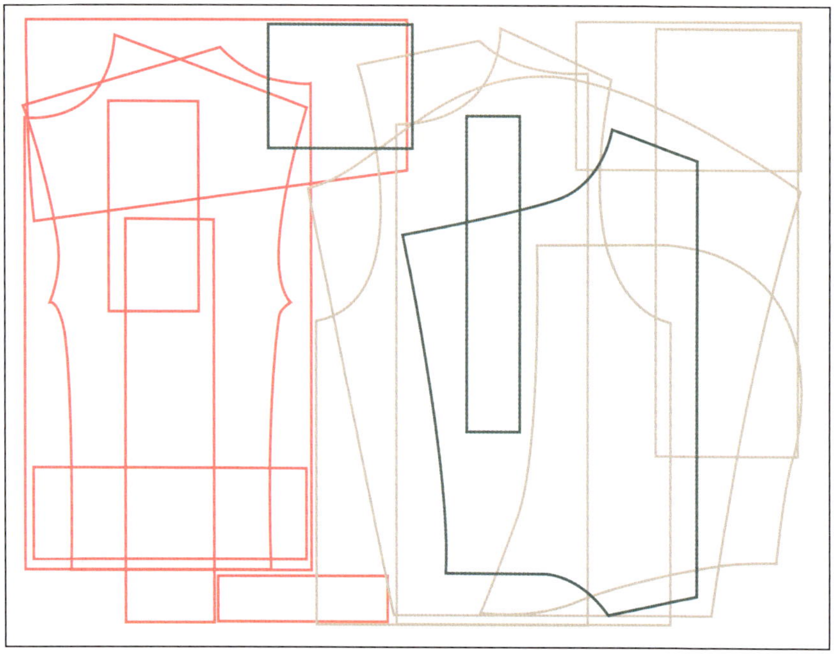

SCHNITTMUSTERBOGEN 2

Damensweater Minna

Herrenhoodie Malte

Kindershorts Bo

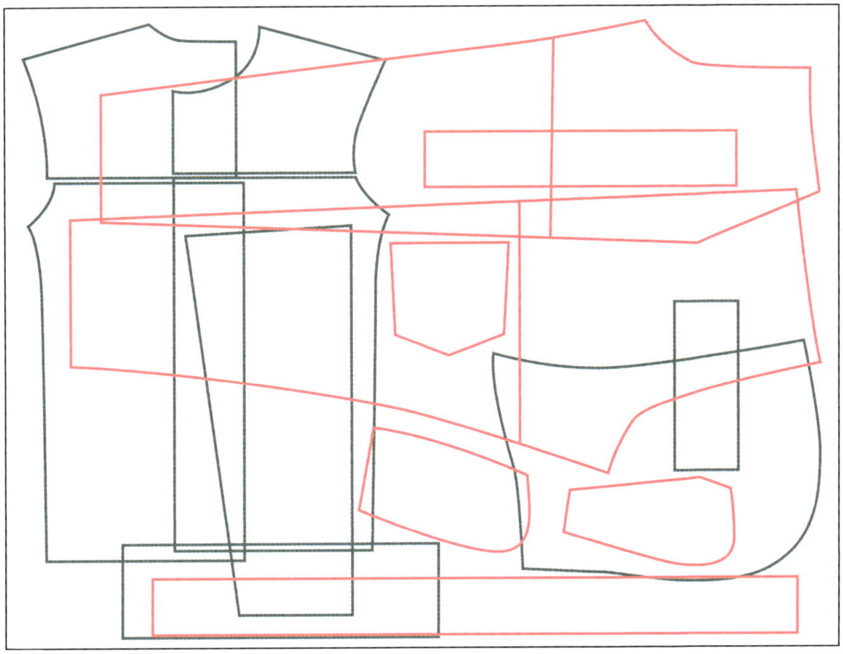

SCHNITTMUSTERBOGEN 3

Kinderhoodie Matti

Kinderhose Harri/et &
Rüschenshorts Bella

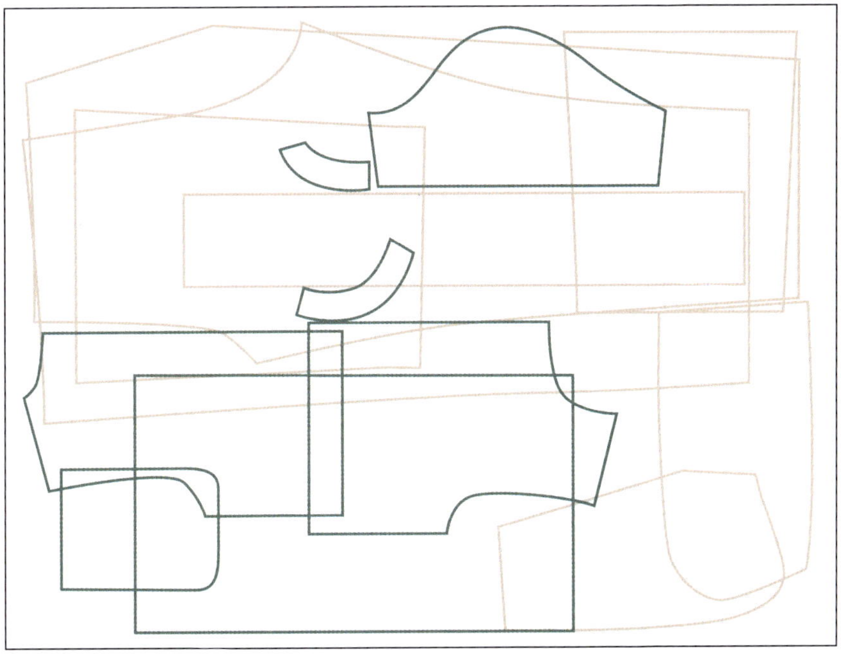

SCHNITTMUSTERBOGEN 4

Herrenhose Holger

Kinderkleid Thea

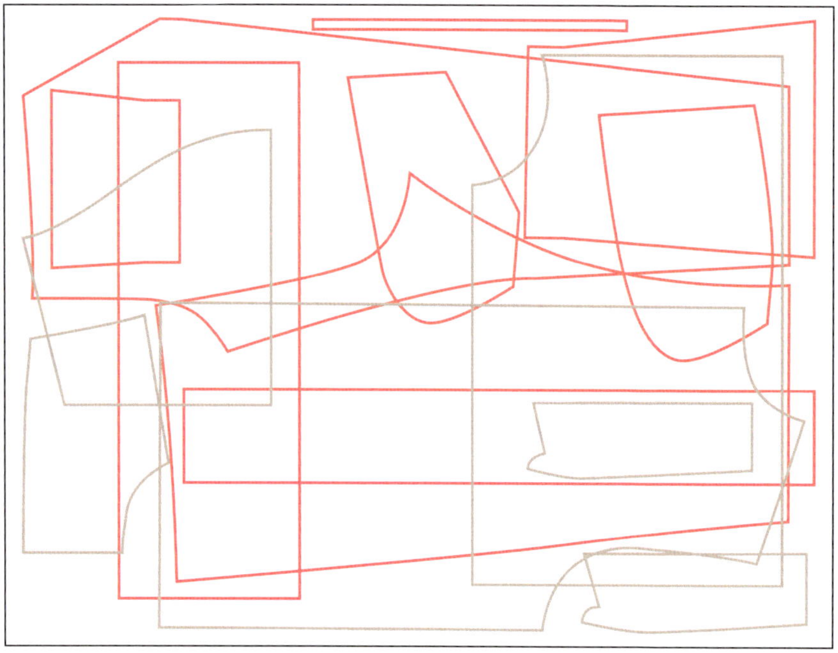

SCHNITTMUSTERBOGEN 5

Damenhose Hedi &
Damenkleid Clara

Herrenhemd Lasse

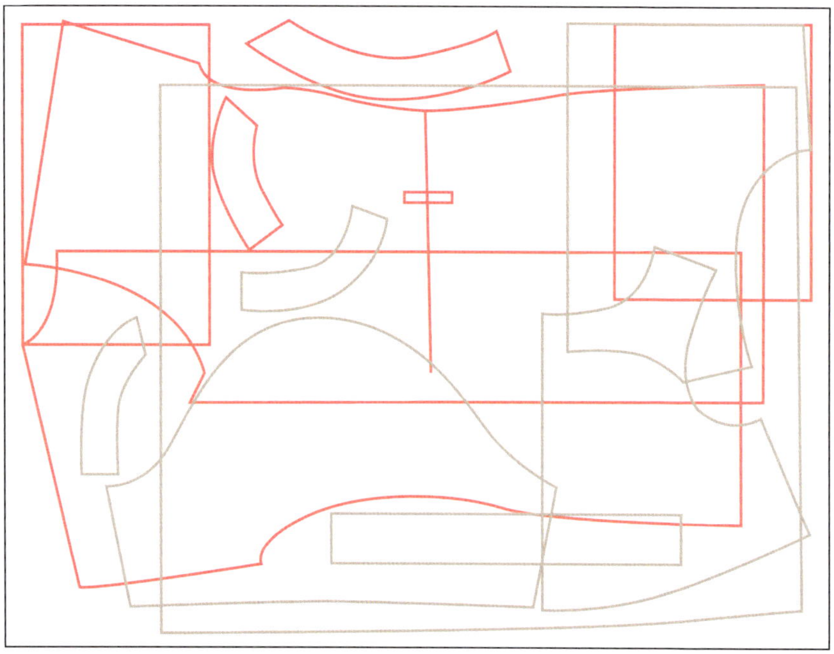

SCHNITTMUSTERBOGEN 6

Damenkleid Clara

Damenkleid Lykke

NOCH MEHR SKANDI-LIEBE!

Hej. Skandi-Chic – Kleidung nähen
978-3-7459-0054-5
24,00 € (DE) / 24,70 € (AT)

Hej. Skandi-Chic – Band 2 – Lieblingskleidung nähen
978-3-7459-0890-9
26,00 € (DE) / 26,80 € (AT)

Hej. Skandi-Chic – Super cosy –
Kleidung nähen für kältere Tage
978-3-7459-1195-4
26,00 € (DE) / 26,80 € (AT)

Hej. Skandi-Chic – Band 4 –
Lieblingskleidung nähen
978-3-7459-1629-4
30,00 € (DE) / 30,90 € (AT)